涨停
接力

均线上的舞者　　著

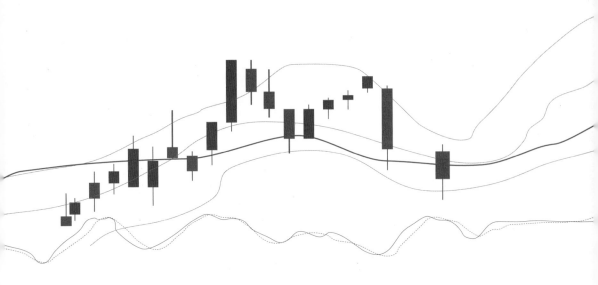

清华大学出版社

北京

内 容 简 介

炒股如同打猎。打猎首先要认识猎物，然后再具备一身硬功夫，外加顺手的工具。作为股民，涨停板就是我们的首选猎物。因为涨停板是主力拉升股价的最经济的方式，是主力调动市场跟风情绪的最有效方法，是主力突破关键技术位常用手段，更是主力出货的暴利方法。

作者通过对大量涨停板数据、逻辑、位置的统计、归纳和总结，将涨停板分成建仓型、锁仓型、拉升型、出货型、自救型、对倒型、洗盘型七大类，让新老股民对涨停板有充分的了解，同时又给读者多种工具以便快速捕捉到涨停板。

图书在版编目（CIP）数据

涨停接力 / 均线上的舞者著. —北京：清华大学出版社，2019.11（2024.12 重印）
ISBN 978-7-302-54154-7

Ⅰ. ①涨…　Ⅱ. ①均…　Ⅲ. ①股票交易－基本知识　Ⅳ. ①F830.91

中国版本图书馆 CIP 数据核字（2019）第 248665 号

责任编辑： 陆浥晨
封面设计： 吕　菲
版式设计： 方加青
责任校对： 王荣静
责任印制： 杨　艳

出版发行： 清华大学出版社
　　　　网　　　址：https://www.tup.com.cn，https://www.wqxuetang.com
　　　　地　　　址：北京清华大学学研大厦 A 座　　邮　　编：100084
　　　　社 总 机：010-83470000　　　　　　　邮　　购：010-62786544
　　　　投稿与读者服务：010-62776969，c-service@tup.tsinghua.edu.cn
　　　　质 量 反 馈：010-62772015，zhiliang@tup.tsinghua.edu.cn
印 装 者： 北京博海升彩色印刷有限公司
经　　销： 全国新华书店
开　　本： 170mm×240mm　　**印　　张：** 16.5　　**字　　数：** 250 千字
版　　次： 2019 年 11 月第 1 版　　**印　　次：** 2024 年 12 月第 13 次印刷
定　　价： 79.00 元

产品编号：084104-01

序

随着科创板的推出，A股有了20%涨跌幅的限制，给平淡的中国股市注入了新鲜的血液，增添了活力，一夜之间缔造了多位亿万富翁，激发了更多的投资者的热情。之前的涨幅10%的涨停板一直是A股股价上涨的最强表现形态，它们的表现形式外表看起来一样，都是"光头"的涨幅为10%的大阳K线。很多人都天真地认为，既然今天都出现了涨停板，按常理说次日会借惯性继续冲高。但是往往事与愿违，有的股票次日直接低开甚至瞬间跌到跌停板，更有甚者直接封死一字跌停板。我们该如何避免这种陷阱呢？张帆老师的《涨停接力》给了我们清晰的答案。

本书由清华大学出版社出版，起点不可谓不高。作为国内顶尖的出版社，对内容的要求肯定是严之又严。更让我们欣慰的是，本书根据涨停板所处的位置、数据、内部结构、筹码分布等多重因素，将涨停板分成建仓型、锁仓型、自救型、对倒型、拉升型、洗盘型、出货型七大类，就像给了我们一套模具，一经比对就能快速判断主力的意图，避免被主力诱多，然后高位站岗。其中的建仓型涨停板让我们避免陪主力建仓，节省了我们的时间成本；出货型和自救型涨停板又让我们对主力出货一目了然；拉升型和锁仓型涨停板让我们快速捕捉主升浪，可以与庄共舞，让我们赚得盆满钵满。

由于工作原因，我看了很多国内的炒股书籍，张帆老师的这本《涨停接力》最贴近实战，不空洞。张帆老师拥有多年实战操盘经验，并且成功率较高，我建议股民朋友认真读一读这本书，甚至反复去读，深度理解，活学活用。相信你一定会有很多收获。

今日财经网、学股网创始人兼CEO 贺旭东

股市是什么？

股市是一个神奇的地方，它承载着千千万万人的梦想。有时车水马龙一片繁荣，吸引着千千万万的人自信满满地入场，相信自己能够让梦飞扬；有时又清清冷冷一片灰暗，让千千万万的人因梦想破碎而黯然神伤，颓然离场。

股市是一个神奇的地方，它是催生亿万富翁的摇篮，更是令亿万梦想家倾家荡产的坟墓。

股市是一个神奇的地方，它非常公平、公正、公开，英雄不问出处，不管是高官巨贾还是平民百姓，它都一律平等相待。

股市是一个神奇的地方，它不会论资排辈，更不以股龄定输赢，在股市中交易时间的长短和交易水平的高低没有必然的联系。股龄长不代表水平就高，有些人浸淫股市10年、20年，仍然亏多盈少。

股市是一个神奇的地方，"一赢二平七亏"是它的魔咒。中国股市经过近30年的发展，技术上已经没有任何秘密可言，但中小投资者就是打不破"一赢二平七亏"这个魔咒！股市有风险，入市需谨慎。

股市是一个没有硝烟的战场，它吞没了无数的真金白银，也埋葬了无数人的梦想，更将胜者为王体现得淋漓尽致。它需要无数次的实战演练、归纳总结才能实现账户上面红旗飘飘、资金翻倍。炒股是一种技能，它的每一次交易都是一场实打实的真金白银的较量，尤其是喜欢短线操作的中小投资者，就更需要用正确的方法完成交易次数的积累。博学才能渐进、厚积才能薄发，只有量的积累达到一定程度才会产生质的飞跃，才能培养出敏锐的盘感和直觉，完成股市赢家的蜕变。没有人生而知之，都是学而知之。炒股天才也不是与生俱来就有盘感、直觉的，他们都是通过不断地学习训练、归纳总结，甚至经历万贯家财耗尽才成为股市高手的。只有亲身经历主力的建仓、拉升、洗盘等每一个环节的洗礼，并不断地实践、总结、验证、改进，才能逐渐成熟并慢慢走向成功。总之，股市是一个没有硝烟的战场，只有经过血与泪的洗礼，经过艰苦卓绝的奋战，历经九九八十一难，才能取得炒股真经，走入股市赢家的殿堂。

股市是一个创造神话的练兵营。只有正确的、足够大量的训练才可以完成从普通股民到操盘高手的蜕变。神经学家丹尼尔·列维亭（Daniel Levitin）在书中写到，1万个小时的练习或刻意训练，是成为专家最起码的要求。不管是作曲家、运动员、作家、溜冰选手、钢琴家、棋士，甚至是最厉害的罪犯等，一再印证这个数字——1万个小时。其中心思想用一句话来概括就是：一个领域内的真正的专家必须经过1万个小时的锤炼。而著名的《海龟交易法则》则用事实证明了它的正确性。《海龟交易法则》讲述了若干个普通人经过3年的专业训练，成为能稳定盈利的操盘高手的真人真事。它用事实证明了如果想成为某一个领域的高手，就需要不断地学习、训练。股市也不例外，大多数的股市赢家都有着3年以上屡战屡败、屡败屡战、坚持不懈的经历，所以说股市是一个创造神话的集中训练营。

"1万个小时"对研究股票是什么概念？每天研究10个小时，按一年365天计算，也要3年才能做到有盘感、有直觉。对于股票交易是什么概念？如果每周进行3笔交易，一年按50周计算，也才150笔交易。只有经过大量的交易和不断的优化，才有成为专业人士的可能。这样大量的有效交易（指每笔交易都要总结为什么赚钱、为什么亏钱，找到原因，并且用文字清晰地表述出来，深深地植入脑海，形成条件反射）会使人更容易得到股票交易的精髓，更具有在股市中立足的优势。

股市里最可怕的是"错误的奖励"。有时错误的交易逻辑可能会赚到钱，但这是一种非常可怕的奖励和经历。因为这种错误的奖励和经历会让许多人认为自己已经具备了盈利能力，从而在错误的道路上越走越远。赚钱会让人欣喜不已，割肉也会让人痛彻心扉，但人们很少自我反省和总结为什么赚钱了，更少有人自我反省和总结为什么亏损了。大部分人只会沉浸在赚钱的喜悦中，而不去分析、总结究竟是行情帮了自己的忙，还是自己真的已经具备了选股、止盈、止损的能力。反之，失败了也要总结失败原因，是逆势操作的错误还是板块没有选对，是板块选对了但是个股没有选对，还是个股选对了但是择时错误了，等等。千里之堤，溃于蚁穴，面对这一系列的问题，稍有不慎就有可能导致失败。而坚持一个错误的理念，就更有可能将人们送入万劫不复之地。

思路和逻辑正确了，即使暂时的收益不太令人满意，但结局肯定是美好的；思路和逻辑错误了，即使暂时的收益令人满意，但结局注定是悲惨的。

成功人士"误、雾、悟、务、捂、舞"的炒股经历

十年磨一剑，成功不简单。要想成为股市里的成功人士，不仅需要时间的积累，更需要个人智慧的沉淀和自身修养的不断提高，最重要的是自己的开悟。一夜暴富不如一朝顿悟，我们常常听说自悟、自觉、自省，没有听说他悟、他觉、他省，是因为这个过程必须是自己亲自完成的。请相信，所有股市的成功人士必然有着"误、雾、悟、务、捂、舞"的炒股经历。

误。初识股市，觉得股市里遍地都是黄金，无非是简单的一买一卖，进场即是捡钱。既然高官商贾、凡夫走卒都能在股市赚到钱，颇有智商的自己没有理由不成功。带着这种错误的认知，兴冲冲地到证券公司开户、转账，在别人的谏言下小试牛刀，小发一笔，于是自信心膨胀，追加资金，踌躇满志地计算着几天一个涨停板和复利，计算着几个月、几年后亿万富翁非我莫属，成功人士舍我其谁！殊不知，风险正在悄悄来临。

雾。初尝甜头后自信满满，自认为可以大干一场，于是开始张罗资金，甚至为了快速致富、成就梦想，不惜借钱、贷款来追加资金。按着自己所思、所想、所选进行几番操作，结果却是盈少亏多，资金日渐缩水，于是心里便有了压力。为了挽回损失赚取更多的利润，更加频繁地操作，企图靠勤

奋取得成功。然而，结果却是事与愿违，账户上的股票更是绿油油的一片，惨不忍睹，亏得一塌糊涂。苦思冥想后仍然一头雾水，茫然不知所措，从而对股市产生敬畏之心。

悟。怀着对股市不服输的敬畏之心，经过一番痛定思痛的深刻反省之后终于悟出"赚钱得靠技术，成功得要名人指路"。于是开始刻苦钻研各种交易技术和理念，逛各大论坛和贴吧，甚至到处寻找炒股秘籍以及各种"投资大师"的不败宝典，到处拜师学艺，购买各种技术指标，整天泡在各种财务报表的数据里。

务。通过学习，终于明白，无知、贪婪、恐惧、偏执等诸多因素是造成自己亏钱的症结所在；也明白了股市是一个将人性展示得淋漓尽致的"舞台"，它的涨跌是由人的无知、贪婪、恐惧等各种因素编写的"圆舞曲"；更明白了炒股是一个知识密集型行为，不是简简单单的动动手指就能赚钱的；终于懂得了在股市不仅需要不断向成功人士学习，还务必将学到的理论知识用于实践，真真正正地将其转化成自己的东西才能有所建树。

捂。经过多年的学习实践，归纳和总结了大量的实战经验后，终于懂得了股市中"长捂资金短捂股，即长休短做"的真谛，明白了在股市中要学会"等待"，买点没有出现就要耐心等待，捂着资金绝不出手；只有买点出现后再果断出手，快进快出。股市中之所以"越勤奋，越亏损"就是因为在买点没有出现时进行了频繁操作，错误的操作越多，账户上的资金大幅缩水就越多，说白了就是方向不对，努力白费。

舞。当经历了以上一系列的"WU"之后，痴迷于股市并坚持下来的股市精英们，通过不断学习、实战、总结、归纳，形成了自己的交易风格和交易系统之后，终于可以随着股价涨涨跌跌的节拍，优雅地跳起自己的舞步，完成从普通中小投资者到股市赢家的蜕变。

最后，希望本书能够帮助在股海中奋战的股民朋友们，祝愿大家股市长红，财富多多。

目录

第一章

认知
涨停板

涨停板，是指在证券交易中，股票价格波动达到了该日股价涨幅的上限。以中国证券市场为例，未被特殊处理的 A 股的涨跌幅以 10% 为限，当日涨幅达到 10% 为上限，称为涨停板，如买盘持续下去，则一直以涨停板价格进行交易，直到收盘或卖盘涌出，打开涨停板后回调。ST（特殊处理）类股的涨跌幅设定为 5%，达到 5% 即为涨停板。

我国证券市场现行的涨、跌停板制度是 1996 年 12 月 13 日发布，1996 年 12 月 26 日开始实施的，旨在保护广大中小投资者利益，维护市场稳定，进一步推进市场的规范化。涨、跌停板制度规定，除上市首日之外，股票（含 A、B 股）、基金类证券在一个交易日内的交易价格相对上一交易日收市价格的涨跌幅度不得超过 10%（以 S、ST、S*ST 开头的股票不得超过 5%），超过涨跌限价的委托为无效委托。我国的涨、跌停板制度与国外制度的主要区别在于股价达到涨、跌停板后，不是完全停止交易，而是在涨、跌停价位或之内价格的交易仍可继续进行，直到当日收市为止。

涨停板是股市中走势最具震撼力、最能代表股市的短期造富魅力的 K 线形态。涨停板是价格走势极端的产物，即便是在熊市中，它在沪、深两市也经常出现。事出必有因，涨停板的出现绝非偶然。由于市场资金的分散性，中小投资者不可能在同一天全体总动员集中资金推出涨停板，即涨停板的出现绝非个股随机波动的结果，涨停板绝对是主力所为或主力参与其中的结果。看到涨停板我们就看到本只股票中出现了主力的身影，从而要引起我们的高度关注，监测主力的一举一动。因为主力不可能无缘无故地拉升股价，必然有其原因所在。

技术分析方法的精髓就在于寻找个股上涨或下跌的内因，只有找到了事物形成的内因，我们才能更好地理解这种走势，运用这种历史走势去解读个股当前的走势并预测其未来的走势。历史会重演，但是不会简单地重复，我们只有找到个股涨停板出现的原因，才能更准确地预测出哪些个股在当日或以后有冲击涨停板的可能。一般来说，一些个股因为利好消息的刺激而出现涨停板，另一些个股则是因为主力操控而出现涨停板。无论哪一种类型的涨停板，都是由主力操纵的，并且是在当日实实在在地上涨了 10%。

涨停板是个股强势上涨的表现，但是涨停板上并非都是黄金，涨停板所蕴含的信息很丰富。通过分析各种涨停板的数据、逻辑和位置，我们可以清楚地看到多空双方的力量对比情况。但多空双方的力量往往会发生快速的转化，有的涨停板后期能够持续强势，有的却是虚晃一枪，只有一个就不见了，这样的涨停板就会成为中小投资者的套牢板。

涨停板是主力运用资金强势收集、拉升、出货、洗盘等经常惯用的一种手法，当主力对个股进行强力控盘时，涨停板形态就在主力的运作下呈现出来，但是涨停板真的是主力做多意愿的强烈表现吗？仅看盘面上的大买单扫货这种表象，是无法判断主力的交易心理和行为的，需要通过逻辑和多种数据来具体分析。个股出现涨停板后，需要分析和研究的内容还有很多。主力完全可以通过对倒制造出涨停板，也可以利用消息顺势拉升出一个涨停板，可以说，同样的一个 10% 的涨停板，既可以成为主力诱多出货的圈套，也可以成为主力大幅拉升的前奏。形形色色的涨停板形态蕴含着丰富的信息，包括市场信息和主力真正的拉升意图。只有经过归类总结，才能弄清这些涨停板形成的内因，进而一一解开涨停板的神秘面纱。

第二章

涨停板
七大要素

涨停板是股票受到某种重要题材或消息面的刺激而产生大幅波动并以极端的方式演绎出来的一种 K 线形态。股票市场从某种角度而言是一个高效率、高敏感度的市场，能够及时地对政策、消息、事件、数据等做出快速反应。因此，国家重大政策，行业基本面消息、突发事件，企业的兼并重组、股权转让、业务变更、资产注入、借壳上市，上市公司的业绩幅度跳动、产品涨价、公司高管流动，国际大宗事件等都是股票涨停板的诱发因素。诱发股票涨停板的各种因素总体上可以归结为七大类。

一、政策面的刺激

炒股跟党走，吃喝全都有；跟着政策走，赚钱不发愁。非常形象地说明了政策对股市的影响是巨大的。中国股市是一个"政策市"，这似乎是多年来社会各界已经达成的一个共识。随着近年来股市行情惊心动魄的演绎，关于这个问题的讨论再度升温并成为焦灼话题。然而，这里所说的"政策市"究竟是什么意思？它有着怎样的逻辑？对于这些问题，不同的人有着不同的理解，它们的答案并不像许多人认为的那样简单和清晰。

政策就是国家的大方向，而资本本身就是逐利的，主力不仅拥有大资金，还拥有专业收集信息的团队，这使它们的嗅觉非常灵敏，总是能够准确地捕捉到有利于股价上涨的各种信息，就是它们推动了一波又一波的股市行情，造就了一只又一只让人记忆犹新的牛股。下面就一些国家政策如何造就牛股的情况进行举例分析。

1.4 万亿元救市计划

2008 年 9 月，国际金融危机全面爆发后，中国经济增速快速回落，出口出现了负增长；大批农民工返乡，经济面临硬着陆的危险。为了应对这种危机，我国政府于 2008 年 11 月推出了进一步扩大内需、促进经济平稳较快增长的十项措施。初步估算，实施这十大措施，到 2010 年底约需 4 万亿元的投资。随着时间的推移，中国政府不断完善和充实应对国际金融危机的政策措施，逐步形成应对国际金融危机的一揽子计划。此后，一些媒体和经济界人士将其简单地解读为"4 万亿计划"。

4 万亿元投资计划重点投向了七个方面，包括：加快保障性住房建设，加快农村民生工程和基础设施建设，加快铁路、公路、机场、水利等重大基础设施建设和城市电网改造，加快医疗卫生、教育、文化等社会事业发展，加快节能减排和生态工程建设，加快自主创新和结构调整，加快灾后恢复重建。依托这次政府的投入，给铁（路）公（路）基（建）等原材料公司莫大的利好，也刺激了相关上市公司的股价大幅上涨，造就了当时如太行水泥（后被金隅股份收购）、秦岭水泥等一大批一个月内股价翻倍的特大牛股。

2. 中国上海自由贸易试验区

中国上海自由贸易试验区（简称"上海自贸区"）是中国政府设立在上海的区域性自由贸易园区，属中国自由贸易区范畴。试验区于 2013 年 8 月经国务院正式批准设立，于 9 月 29 日上午 10 时正式挂牌开张。在此政策的红利刺激之下，上海自贸区的概念股表现得非常活跃，其中非常抢眼的龙头股陆家嘴（股票代码 600663）、浦东金桥（股票代码 600639）、上海物贸（股票代码 600822）、外高桥（股票代码 600648）等股票就是主力依托国家重大政策出台这个背景，对它们进行了充分炒作。

📈 **经典案例一　图 2-1 上海物贸（股票代码 600822）**

上海物资贸易股份有限公司（简称"上海物贸"）是一家主要经营物资流通的公司，其主要产品和服务有金属材料、化轻原料、建材、木材、汽车（含小轿车）及配件、机电设备、燃料（不含成品油）、五金交电、针纺织品、仓储、计算机网上交易、信息咨询及技术服务。2011年，公司先后荣获"2011年度上海中小企业外贸代理品牌服务"称号和"上海市电子商务示范企业"称号。

2013年9月18日，上海物贸封于涨停。自2013年7月以来，受益于上海自贸区概念，上海物贸的股价从4元一路狂飙到14.69元，期间涨幅达260%以上，其中涨停板就有9个。可见大的题材造就的大牛股屡见不鲜。

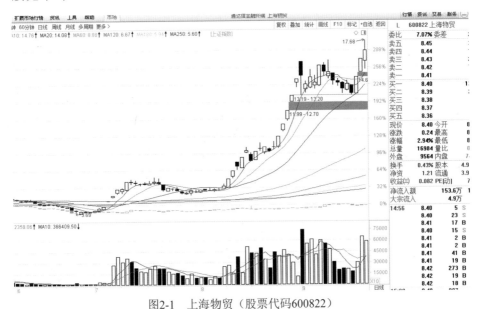

图2-1　上海物贸（股票代码600822）

经典案例二　图2-2 浦东金桥（股票代码600639）

上海浦东金桥出口加工区开发股份有限公司是承担国家级开发区开发建设任务的企业，主要负责开发区27.38平方千米范围内的土地开发、基础建设、招商引资、产业发展和功能配套设施。公司主营业务为房地产开发经营，公司投资建设的房产覆盖较多领域，经营上采取租售并举的策略。2013年8月20日，浦东金桥借着上海自贸区的东风利好，不甘示弱地连续拉出5个涨停板，主升浪涨幅也达到了100%。

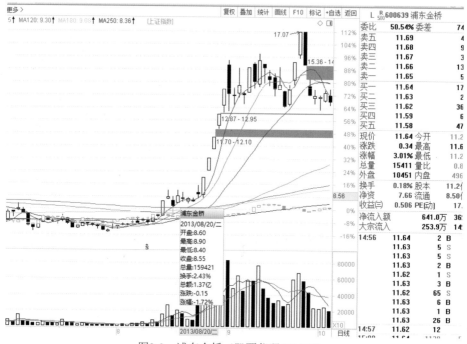

图2-2 浦东金桥（股票代码600639）

📊 **经典案例三 图2-3 陆家嘴（股票代码600663）**

　　上海自贸区作为一个完整的系统，陆家嘴（股票代码600663）就是它的大脑神经中枢，陆家嘴是全球金融中心，是世界五百强的聚集区，更是金领的集中地，这里几乎寸土寸金，陆家嘴在上海自贸板块中处于标杆地位。其他的如上港集团（股票代码600018）、上海机场（股票代码600009）、浦东金桥（股票代码600639）、爱建股份（股票代码600643，现在更名为"爱建集团"）、上海物贸（股票代码600822）、华贸物流（股票代码603128）等皆处于从属地位，它们在龙头股陆家嘴的带领下一路冲锋陷阵，演绎了一场股市的豪华盛宴。2013年8月20日，陆家嘴这个大脑神经中枢开始连续拉升5个涨停板，主升浪累计涨幅达到100%以上，其中涨停板就有8个。

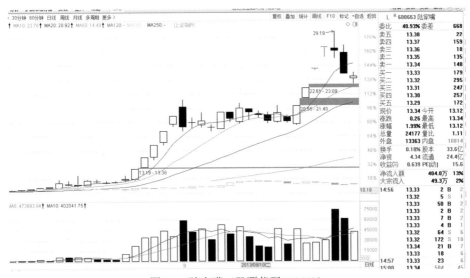

图2-3　陆家嘴（股票代码600663）

3．"一带一路"

　　"一带一路"是"丝绸之路经济带"和"21世纪海上丝绸之路"的简称。它充分依托中国与有关国家既有的双多边机制，借助既有的、行之有效的区域合作平台，旨在借用古代丝绸之路的历史符号，高举和平发展的旗帜，积极发展与沿线国家的经济合作伙伴关系，共同打造政治互信、经济融合、文化包容的利益共同体、命运共同体和责任共同体。2015年3月28日，国家发展改革委、外交部、商务部联合发布了《推动共建丝绸之路经济带和21世纪海上丝绸之路的愿景与行动》。"一带一路"经济区开放后，承包工程项目突破3000个。2015年，我国企业共对"一带一路"相关的49个国家进行了直接投资，投资额同比增长18.2%。

　　"一带一路"倡议将是我国未来10年的重大政策红利，随着大规模基础设施建设的开始，紧接着资源能源开发利用，随后全方位贸易服务往来，会带来更多产业链、行业的投资机会。"一带一路"倡议的推进不仅可以带来巨大的投资拉动，同时也为"走出去"战略的实施创造了良好的基础，尤其是铁路、核电和通信等具有相对优势的产业有望从中受益，而其中的龙头股中国中铁（股票代码601390）、中铁二局（股票代码600528，现在改名为"中铁工业"）、中国铁建（股票代码601186）等一大批中字头个股，依托国家重大政策出台的背景，获得了主力的青睐和充分炒作，短时间内股价翻了几倍。而且"一带一路"倡议是一个持续的利好，后来的西部建设（股票代码002302）、天山股份（股票代码000877）、上峰水泥（股票代码000672）等股票的暴涨都得益于这个政策面的题材。

📈 经典案例一　图2-4 中国中铁（股票代码601390）

"一带一路"倡议都是以基建、钢铁为主线，主力及其信息团队经过认真反复筛选将目光锁定在中国中铁、中铁二局（现在改名为"中铁工业"）、中国铁建等一大批中字头个股，并悄悄把资金投向了它们。当时中国中铁是亚洲最大的铁路基建集团，是国内大型铁路桥梁钢结构的唯一制造商和高铁建设龙头，国资委持股28.27%。主力经过严密分辨筛选将中国中铁定为板块龙头，并提前发动了攻势。2015年3月28日，国家发展改革委、外交部、商务部联合发布《推动共建丝绸之路经济带和21世纪海上丝绸之路的愿景与行动》前，中国中铁的技术形态又一次形成六六大顺，并适时发动了第二波行情，之后，配合政策出台，中国中铁再次蓄势待发，在技术条件的支撑下再次发动了第三波行情。自2014年12月开始后的不到100个交易日，股价从4元拉升到23元，区间涨幅超过了5倍之多。

📈 经典案例二　图2-5 中铁工业（股票代码600528）

中铁工业原名为"中铁二局"，该公司是国内少数几家拥有铁路工程施工总承包特级资质的企业之一，也是铁路系统从事铁路工程施工的上市公司，曾两度位居"中国500家最大建筑工业企业"之首。作为国内最早参与广深高速、京津城际等多条高铁建造的少数企业之一，公司在高速铁路施工技术方面居于铁道部内企业前列，是铁道部确定的四家客运专线无砟轨道道岔铺设专业化施工队伍之一，公司同时也是国内城市轨道交通建设的领军企业之一。受"一带一路"的政策利好刺激，2014年12月开始后，

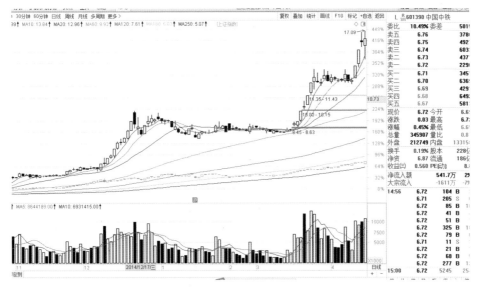

图2-4 中国中铁（股票代码601390）

主力连续拉升涨停板，其中两波涨幅都超过了100%。股价也从底部的7元附近拉升到28元，区间涨幅超过了4倍之多。

图2-5 中铁工业（股票代码600528）

经典案例三　图2-6 中国铁建（股票代码601186）

中国铁建股份有限公司（中文简称"中国铁建"，英文简称CRCC），由中国铁道建筑有限公司独家发起设立，于2007年11月5日在北京成立，为国务院国有资产监督管理委员会管理的特大型建筑企业。

公司是中国乃至全球最具实力、最具规模的特大型综合建设集团之一，2018年《财富》"世界500强企业"排名第58位、"全球250家最大承包商"排名第3位，2017年"中国企业500强"排名第14位。

图2-6　中国铁建（股票代码601886）

公司业务涵盖工程承包、勘察设计咨询、房地产、投资服务、装备制造、物资物流、金融服务以及新兴产业；经营范围遍及包括台湾地区在内的全国32个省、自治区、直辖市和香港、澳门特别行政区以及世界116个国家；已经从以施工承包为主发展成为具有科研、规划、勘察、设计、施工、监理、维护、运营和投融资完整的行业产业链，具备了为业主提供一站式综合服务的能力；在高原铁路、高速铁路、高速公路、桥梁、隧道和城市轨道交通工程设计及建设领域确立了行业领先地位；有1名工程院院士、8名国家勘察设计大师、11名"百千万人才工程"国家级人选和237名享受国务院特殊津贴的专家；累计获国家科技进步奖72项，国家勘察设计"四优"奖

141 项，詹天佑土木工程大奖 101 项，国家优质工程奖 306 项，中国建筑工程鲁班奖 122 项，累计拥有专利 8346 项。

中国铁建全面受益于国家高铁走出去发展战略和"一带一路"倡议，这从其股价就可以看出来，2014 年 9 月 30 日，中国铁建 A 股收盘价只有 5.23 元，到 2015 年 3 月 31 日，其收盘价已达 18.59 元，期间股价有了超过 3 倍的涨幅。

4. 雄安新区

雄安新区是中共中央、国务院于 2017 年 4 月 1 日设立的国家级新区。这是以习近平同志为核心的党中央作出的一项重大的历史性战略决策，是继深圳经济特区和上海浦东新区之后又一具有全国意义的新区，是千年大计、国家大事。主力及其专业的信息团队又是提前捕捉到了这个利好的政策消息，纷纷将资金大量投到雄安新区的概念板块中来，带有相关概念的个股在主力及其资金的推动下表现得异常活跃，统计显示，雄安概念股中，4 月 1 日—5 月 2 日涨幅排名前三的分别是冀东装备（股票代码 000856）、创业环保（股票代码 600874）和先河环保（股票代码 300137），然后是青龙管业（股票代码 002457）、韩建河山（股票代码 603616）、首创股份（股票代码 600008），这六只股票在此期间的涨幅都超过了 80%，在中国股市中走出了一波让人怀念的波澜壮阔的行情。

📈 **经典案例一　图 2-7 冀东装备（股票代码 000856）**

2017 年 5 月 2 日，雄安新区概念板块继续领涨两市，共有十余只雄安概念股收报涨停，其中冀东装备的股价在最近 6 个交易日内收获 5 个涨停，4 月以来累计涨幅达 195%，创下了 4 月以来只有一根阴线的记录（其中有根假阴线不算）。

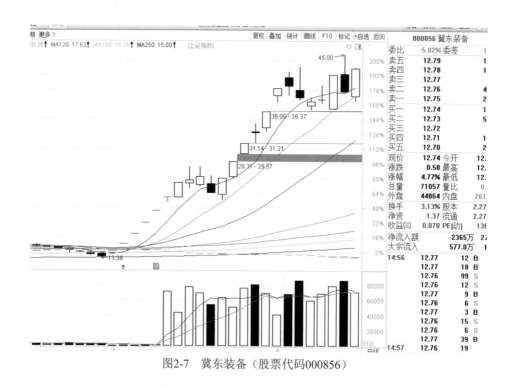

图2-7　冀东装备（股票代码000856）

📊 **经典案例二　图2-8先河环保（股票代码300137）**

先河环保成立于1996年，是集环境监测、治理、服务为一体的集团化公司。公司于2010年11月在深圳创业板上市，是行业内首家上市公司。多年来，先河环保依靠超前的创新意识和聚焦国家战略、立足资本优势，向着集团化、国际化不断迈进。现公司总资产17亿元，员工近千人，下辖14家子公司和三个研发中心（北京）；业务涵盖生态、环境监测装备、运维服务、社会化检测、环境大数据分析及决策支持服务、VOCs（VOCs指的是挥发性有机化合物，含有多种有害物体，在常温条件下很容易挥发到空气当中形成VOCs气体，从而可能对人身和环境产生危害，造成VOCs气体污染）治理以及民用净化六大领域；产品遍布国内除港澳台外所有省份和地区，主导产品占有率在30%以上。

中国雄安生态优先，该股又是河北省生态环境治理第一股。雄安新区的设立将使京津冀周边环境治理力度进一步加强，公司地处河北，订单获取速度有望加快。公司于2015年签订保定雄县18亿VOCs治理订单。当时雄县土地处于冻结状态，不过该公司就此项目仍然取得了实质性突破，并与首批企业签订了第三方治理合同，同时开展了设备安装工作。受此影响，该股股价从2017年4月3日开盘后就直接一字涨停板，而且是连续7个，股价在短短不到两周的时间便完成了翻倍行情。

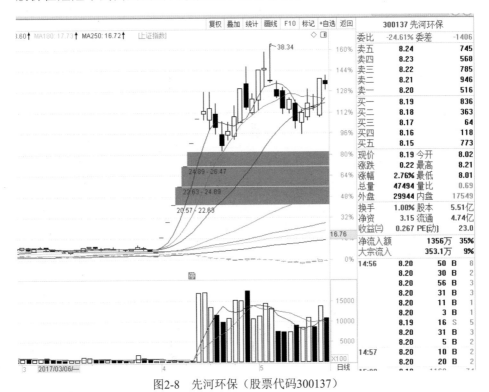

图2-8　先河环保（股票代码300137）

📊 **经典案例三　图2-9首创股份（股票代码600008）**

北京首创股份有限公司（简称"首创股份"）地处北京，属国资委控股，发展方向定位于中国水务市场，专注于城市供水和污水处理两大领域，2016年年底已初步完成了对国内重点城市的战略布局，参股控股的水务项目遍及国内8个省区和13个城市。

首创股份之所以是最正宗的雄安新区板块，不仅因为它收购了河北华冠环保公司，而且"巧、快、准、狠"地切入雄安新区这块业务，之后还有很多雄安超大环保项目被首创股份收入囊中，这既是公司自身发展的主观需要，也是国家高起点建设雄安新区的客观需要。主力及公司对市场信息的准确把握及高瞻远瞩的运作，使首创股份在本次的重大政策利好下短短一周就走出了翻倍行情。

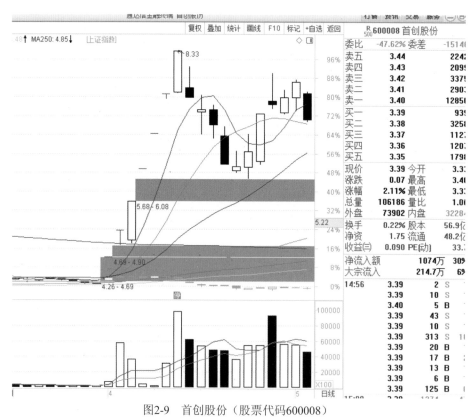

图2-9　首创股份（股票代码600008）

5.科创板的成立

科创板是由国家主席习近平于 2018 年 11 月 5 日在首届中国国际进口博览会开幕式上宣布设立的，是独立于现有主板市场的新设板块，并在该板块内进行注册制试点。设立科创板并试点注册制是提升服务科技创新企业能力、增强市场包容性、强化市场功能的一项资本市场重大改革举措。通过发行、交易、退市、证券公司资本约束等新制度，以及引入中长期资金等配套措施，增量试点，循序渐进地将新增资金与试点进展同步匹配，力争在科创板中实现投融资平衡、一二级市场平衡、公司的新老股东利益平衡，并促进现有市场形成良好的预期。

2019 年 1 月 30 日，中国证监会发布《关于在上海证券交易所设立科创板并试点注册制的实施意见》。资本市场永远不会放过这样的重大利好政策的机会，于是，市北高新（股票代码 600604）、鲁信创投（股票代码 600783）、华控赛格（股票代码 000068）、张江高科（股票代码 600895）、民丰特纸（股票代码 600235）等大批相关概念股横空出世，短短的时间都走出翻倍的涨幅，有的甚至超过了 2 倍的收益。

📊 经典案例一　图 2-10 市北高新（股票代码 600604）

2018 年 11 月 5 日，科创板利好公布后，市北高新的股价温和上涨，且并未放量，但 10：30 后的短短几分钟内，市北高新突然放出巨量，股价直线拉升，瞬间封死涨停板，让市北高新坐上了创投概念"龙头"股的宝座。在短短一个月的时间里，股价就创造了超过 300% 的涨幅。

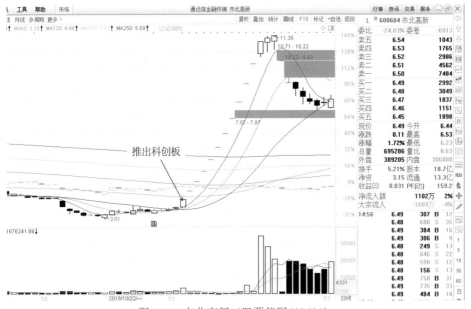

图2-10　市北高新（股票代码600604）

📊 **经典案例二　图2-11 张江高科（股票代码600895）**

就在2018年11月5日当天，股价跳空高开，然后迅速拉升至涨停板附近，随后高位横盘震荡，但是股价没有跌破分时均价线。科创板利好政策公布后，短短几分钟内，便封死了涨停板，次日更是一字涨停板突破了120日均线的重要压力位，顺势拉升出了让人惊叹的行情。

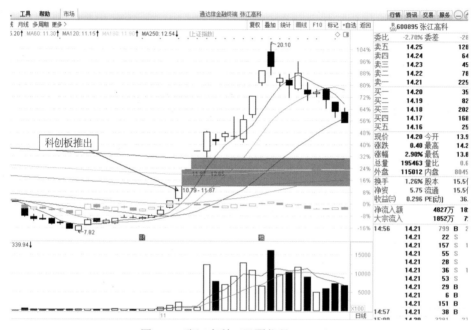

图2-11　张江高科（股票代码600895）

📊 **经典案例三　图2-12 鲁信创投（股票代码600783）**

2018年11月2日，山东省鲁信投资控股集团有限公司关于控股股东增持计划实施期限届满及增持完成的公告：本公司董事会及全体董事保证本公告内容不存在任何虚假记载、误导性陈述或者重大遗漏，并对其内容的真实性、准确性和完整性承担个别及连带责任。

重要内容提示：公司控股股东山东省鲁信投资控股集团有限公司（以下简称"鲁信集团""增持人"）计划自2018年5月2日起6个月内，通过上海证券交易所证券交易系统增持公司股份，累计增持股份金额不低于 3000 万元，不超过 10 000 万元（含 2018 年 5 月 2 日已增持股份金额）。截至 2018 年 11 月 1 日，鲁信集团上述增持计划期限届满，增持计划已实施完毕。

鲁信创业投资集团股份有限公司董事会

2018 年 11 月 2 日

截至 2018 年 11 月 1 日收盘，鲁信创投报 9.85 元，随着科创板推出的利好消息刺激，2018 年 11 月 5 日上午 9 点 30 分开盘后，股价低开高走，10 点 30 分就被巨量买单封死涨停，并一举突破 120 日均线的重要压力位，随后便上演了创投概念的炒作狂潮。由于鲁信创投被市场认为是本次创投概念的龙头股，在随后的两个交易日用缩量一字板又突破了 250 日均线重要压力位，主力拉升意图明显，短短两周股价便完成了 2 倍的涨幅。

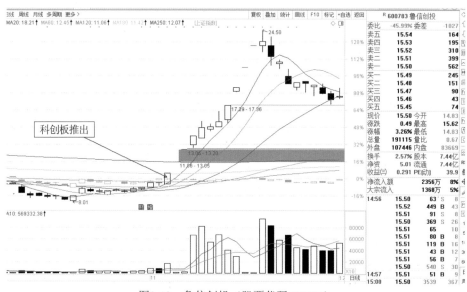

图2-12　鲁信创投（股票代码600604）

6. 工业大麻

大麻曾一度被联合国禁毒公约列为与海洛因、可卡因并列的三大毒品之一。如今，它去除毒性，成为中国应用广泛、颇具竞争力的新热点。随着 2019 年初云南省公安局对相关公司加工大麻花叶项目申请批复通过后，获准合法种植的工业大麻相关公司的股价便一飞冲天。这些工业大麻均是低含毒量的品种，THC（四氢大麻酚）值虽然低于 0.3%，但依旧全身是宝，其应用至少包括纺织、造纸、食品、医药、卫生、日化、皮革、汽车、建筑、装饰、包装等领域，是经典的生产资料。工业大麻中的主要成分大麻二酚（CBD），具有抗痉挛、抗焦虑、抗炎等药理作用，欧美一些发达国家已经有相关产品（药品、食品、保健品等）在市场销售。

经典案例一　图 2-13 顺灏股份（股票代码 002565）

2019 年 1 月 16 日，上海顺灏新材料科技股份有限公司（以下简称"公司"）全资子公司云南绿新生物药业有限公司（以下简称"云南绿新"）收到曲靖市公安局沾益分局关于对云南绿新加工大麻花叶项目申请的批复（沾公字（〔2019〕2 号）后，顺灏股份便连续一字涨停板，激发了市场上对工业大麻概念板块的炒作，短短三个月，股价从底部的 4 元一直拉升到 20 元，完成了 5 倍以上的涨幅。

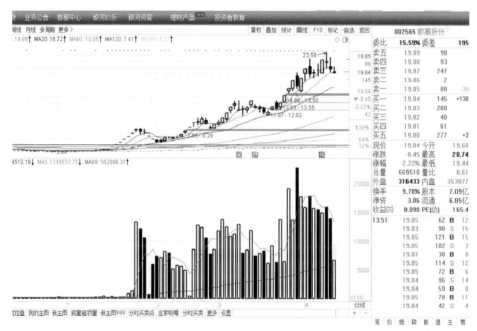

图2-13　顺灏股份（股票代码002565）

📈 **经典案例二　图2-14 诚志股份（股票代码000990）**

2019年3月11日晚间公司发布公告，公司拟2.3亿元控股云南汉盟，布局工业大麻加工提取。公告显示，通过本次收购，有利于公司进一步拓展生命科技和医疗健康板块的业务范围，公司将积极挖掘和推动协同效应的发挥，助力工业大麻在医疗健康领域的应用。

受此国家政策利好的刺激，主力次日便一字涨停板开盘，再也没有给中小投资者任何介入的机会，股价连续拉升，从底部启动的13元一路飙升到30元，短短两周的时间便完成了100%以上的涨幅。

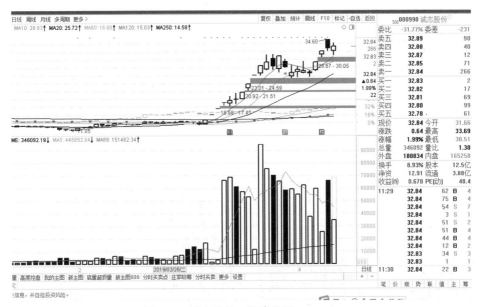

图2-14　诚志股份（股票代码000990）

📈 **经典案例三　图2-15 紫鑫药业（股票代码002118）**

2019年1月9日，紫鑫药业公告称：吉林省农业科学院与公司的荷兰全资子公司 Fytagoras B.V. 签订了《工业大麻合作研究协议》，双方正式建立合作研发关系，开展工业大麻的研发工作，并计划以完成大麻品种的CBD含量达10%以上为工作目标。后续，双方将组建合作研发机构，以吉林省麻类工程研究中心为依托，对工业大麻品种进行选育、生产技术、产品加工、生物活性成分提取技术等进行研发。

受此利好消息影响，2019 年 1 月 10 日、11 日连续两天收出涨停板，并强势突破了 60 日均线和 120 日均线两个重要压力位，可见主力资金之雄厚，操作手法之彪悍。经过几天的横盘整理，主力用一组龙凤三胞胎再次清洗获利盘和收集廉价筹码，随后在 2019 年 1 月 28 日用跌停板破位的暴力洗盘方式，再次清洗不坚定的中小投资者，但是成交量并没有放大。次日便止跌企稳，没过几天股价重新站稳 120 日均线，随后主力再次用十连阳连续吸筹，2 月 21 日，主力用一个涨停板强势突破了 250 日均线重要压力位，开始了它的拉升之旅，不到两个月的时间，股价就有了超过 200% 的涨幅。

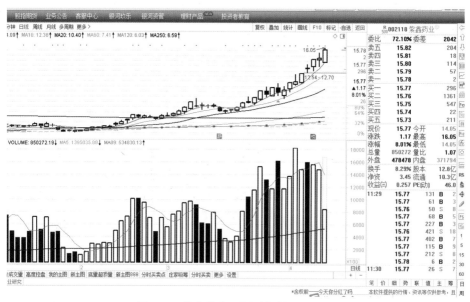

图2-15　紫鑫药业（股票代码002118）

📈 经典案例四　图 2-16 龙津药业（股票代码 002750）

2019 年 2 月 28 日，龙津药业发布了关于拟对外投资取得控股子公司的公告：昆明龙津药业股份有限公司（以下简称"公司"或"龙津药业"）日前与云南牧亚农业科技有限公司（以下简称"标的公司"）及其现有股东签订了《增资框架协议》，计划以自有资金不超过人民币1500万元对标的公司增资并取得其51%的股权。

云南牧亚农业科技有限公司，简称"云南牧亚"，是目前国内专业的可以规模化种植、加工和经营工业大麻产品的合法机构，被列入国家高技术产业西部专项；是云南第一家将工业大麻作为产业发展的专营企业。公司为合法推动大麻产业的工业用途和医疗用途在中国的蓬勃发展作出了积极的贡献，在设定行业标准和行业规范方面取得了巨大的成绩。

股市里的大资金总是先知先觉的，此消息披露之前，看来就有上涨预期。2019年2月26日，股价就用一根带有上影线的阳K线试探了250日均线的重要压力位；次日又用一根准涨停板清洗获利盘，并且股价稳稳地站上了250日均线；第三天就是2月28日，主力开盘便平开高走，势如破竹，上午用3%换手率的涨停板早早封死了涨停。从数据和分时图形态来看，此涨停板是集锁仓型和洗盘型二者于一身的涨停板，后市可期。果然，次日主力再没有给任何中小投资者介入的机会，随后连续7个一字涨停板，将股价从6元多踩着"云梯"拉升至18元。

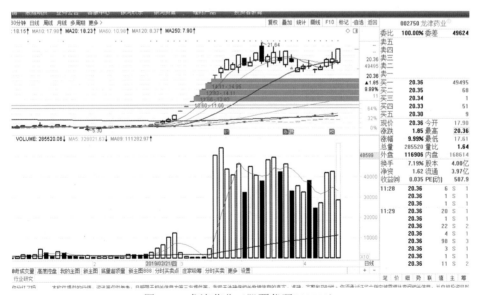

图2-16 龙津药业（股票代码002750）

经典案例五　图2-17 康恩贝（股票代码600572）

康恩贝进一步加码在工业大麻领域的布局。2019年3月7日晚间，康恩贝发布公告，拟以3000万元受让全资子公司云南希陶绿色药业股份有限公司（以下简称"希陶公司"）所持云南云杏生物科技有限公司（以下简称"云杏公司"）100%股权，并在股权受让完成后对云杏公司增资6000万元。

康恩贝表示，此举是根据公司发展战略及产业布局，加快推进云杏公司目前筹备拟进行的工业大麻加工项目试制和申请许可证等工作，并为未来申请获得公安机关批准颁发的许可证后开展工业大麻花叶加工生产业务做好准备。6000万元的增资额度中，4000万元增加云杏公司注册资本，2000万元增加其资本公积。股权受让和增资事项完成后，云杏公司的注册资本将由现在的3000万元增至7000万元。云杏公司成立于2013年5月，经营范围包括工业大麻的科技研究、种植、加工及其产品的销售（在许可证范围内开展生产经营）等。

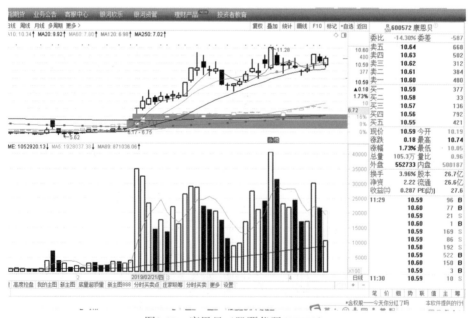

图2-17　康恩贝（股票代码600572）

技术形态上，2019年1月28日，主力资金就用一个高开低走的空中加油动作试探突破120均线，顺带暴力清洗套牢盘，迫使他们迅速割肉，交出筹码。2 月 21 日，主力直接用一字涨停板强势突破了 120 日均线和 250 日均线两个重要压力位，可见势头很猛，次日更是以 T 字形涨停板完成洗盘动作，一鼓作气将股价从 6 元拉升至 10 元。

7. 燃料电池氢能源

2019 年 3 月 15 日下午，国务院新闻办举行吹风会，就政府工作报告的 83 处修订进行了解读。其中一条颇引人注意——"推动充电、加氢等设施建设"。这也是氢能源首次写入政府工作报告。目前中国能源巨头、车企、发动机企业和众多产业资本均有布局氢燃料电池产业。当前，中国年制氢量 2000 万吨，氢气来源广泛且成本较低，燃料电池产业国产化快速提升，中国燃料电池产业迎来导入期。氢燃料电池的发展应用场景不仅仅是汽车，还可以应用于轮船、潜艇、分布式热电联产和备电系统等，基本可以应用于任何能源的相关场景。早在《"十三五"国家科技创新规划》中，发展氢能燃料电池技术就已被"划过重点"，《中国氢能产业基础设施发展蓝皮书》则进一步描述了中国氢能的发展路线图：到 2020 年，中国燃料电池车辆要达到 10000 辆、加氢站数量达到 100 座，行业总产值达到 3000 亿元；到 2030 年，燃料电池车辆保有量要"撞线"200 万，加氢站数量达到 1000 座，产业产值将突破 1 万亿元。

根据产业链所处位置不同，链条上的企业大致可细分为三个部分。

上游：主要包含氢资源的生产、运输等。

中游：为燃料电池系统，主要是电堆和氢气储存设备及配件。

下游：是应用板块，包括加氢站、新能源汽车应用等。

📊 **经典案例一 图 2-18 厚普股份（股票代码 300471）**

2016 年 12 月，成都华气厚普机电设备股份有限公司（简称厚普股份，股票代码：300471）就已与清华大学、北京氢能时代环保科技有限公司、成都客车、上海浦江特种气体等六家单位就加快 HCNG（天然气掺氢）燃料汽车示范推广签署了战略合作协议，进一步完善了公司在氢燃料电池汽车领域的布局！

2017 年 9 月，公司又发布公告，与武汉地质资源环境工业技术研究院签订战略合作协议，共同推进氢燃料电池汽车的应用和推广项目。武汉地质资源环境工业技术研究院是由中国地质大学（武汉）与武汉市政府联合创建，致力于推动氢能产业的发展。公司与该研究院战略合作，将引进第三方公司在 70MPa、35MPa 加氢站设计建造、核心设备设计、制造的先进技术，实现加氢站核心设备的国产化。双方还考虑共同组建包括制氢、储氢和加氢的合资公司或项目公司，共同推动双方在川渝、湖北地区推广应用氢燃料电池汽车等相关业务，以及形成紧密的产业共同体，共同推动氢能产业闭环和产业生态的形成，等等。

技术形态上，2018 年 11 月 13—15 日，主力已经用三个连续涨停板暴力吸筹，随后经过震荡、洗盘，在 2018 年 11 月 13 日用一个炸板的涨停板突破了 250 日均线的重要压力位，随后股价再也没有跌破 250 日均线，一直沿着 5 日线一路飙升，到 2019 年 3 月 20 日更是收出了连续 5 个涨停板，短时间就完成了股价翻倍的涨幅。

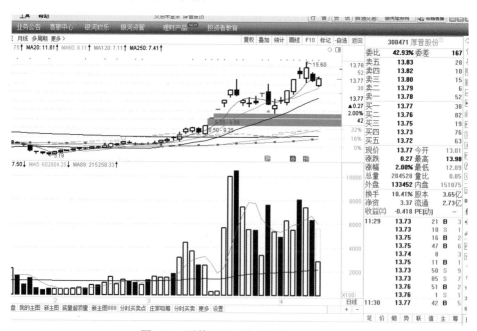

图2-18　厚普股份（股票代码300471）

📊 **经典案例二　图2-19 美锦能源（股票代码000723）**

　　山西美锦能源股份有限公司（简称美锦能源，股票代码000723）在主业升级发展的同时，加大力度推动转型创新发展项目落地。公司紧跟国家和行业政策导向，根据公司"一点（整车制造）、一线（燃料电池上下游产业链）、一网（加氢站网络）"的总体规划，在氢能领域进行全产业链布局。

　　公司收购控股了国内最大的氢燃料电池客车企业飞驰汽车，为公司在氢能应用领域奠定了坚实的基础。同时，与广东鸿运高新技术投资有限公司共同出资设立广州鸿锦投资有限公司，通过投资拓展氢能产业链上下游环节，致力于推动我国燃料电池技术自主化、产业化，打通产业链关键环节，打造具备国际竞争实力的氢能产业集群，为我国氢能产业发展作出积极贡献。

　　公司业务板主要是使炼焦过程中焦炉煤气富含50%以上氢气，在低成本制氢和发展加氢站等方面拥有得天独厚的优势条件。公司控股的佛山市飞驰汽车成为国内生产氢燃料电池客车首次实现出口的公司，氢能电池和氢燃料电池汽车的发展已成为公司的战略优势。

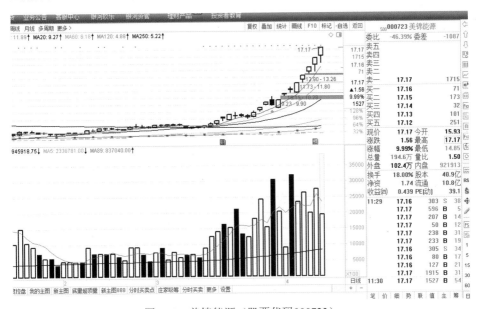

图2-19　美锦能源（股票代码000723）

公司与中国科学院山西煤炭化学研究所合作研制开发的超级电容器电极材料中试技术，暨电容炭的研制开发项目取得重大进展，中试线已经建成投入运行，实现批量持续生产，产品技术指标达国际先进水平，得到专业人士的高度评价，目前正在进行终端组装评测等工作，预计项目建成后将填补国内空白实现电容炭的进口替代。同时公司与国内顶级机器人研发机构合作研发煤矿井下和焦炉智能机器人，实现无人值守和智能化作业，提高安全水平和工作效率。

技术形态上，2019 年 3 月 15 日，主力走出了线上第一阳的经典形态，解放了所有套牢盘，打开了上升空间，随后股价一直沿着 5 日均线快速拉升，完成了 13 个交易日收出 10 个涨停板的骄人战绩。

经典案例三　图 2-20 京城股份（股票代码 600860）

京城股份作为储备氢能的龙头企业，积极引进加氢站装备制造技术，解决氢气储运的瓶颈环节，打造公司在氢能装备制造领域的领先优势和龙头地位。其子公司北京天海工业有限公司（以下简称"天海工业"）在气体储运行业扎根 20 余载，对车用 LNG（液化天然气）气瓶、CNG（压缩天然气）气瓶、低温储罐、天然气汽车加气站等进行多方位的技术整合，主要客户有北汽福田（股票代码 600166）、郑州宇通（股票代码 600066）、中通客车（股票代码 000951）、飞驰客车、中国重汽（股票代码 000957）等。

正是基于天海工业在气体储运行业多年的研发经验，使其在车载储氢领域更具核心竞争力。天海工业拥有先进的铝内胆碳纤维全缠绕复合气瓶生产线，技术由国外引进，可设计制造公称工作压力为 15 ～ 70MPa 的各种规格铝内胆碳纤维全缠绕高压储氢瓶及供氢系统。目前，天海工业在原有 35MPa 大巴车用车载供氢系统的基础上，对所用三型瓶工作压力进行了大幅度增加，成功研制出 70MPa 高压储氢瓶，并已通过爆破、疲劳、耐久性和火烧等试验，同时与整车厂进行合作，在示范样车上安装使用。

天海工业表示，当下研发 70MPa 储氢瓶最大的难点在于原材料本身需要从国外进口，因此研发所需投入成本也随之升高，这是许多氢气储氢瓶厂家目前所面临的挑战之一。并且，由于 70MPa 储氢瓶没有实现标准化，乘用车空间又十分有限，导致 70MPa 储氢瓶迟迟难以量产，国内总体技术得不到很好的发展。

技术形态上，2018 年 12 月 6 日，主力用一个近似一字的涨停板突破了250 日均线的重要压力位，次日高开低走完成空中加油的动作，经过近 3 个月的洗盘整理，终于在 2019 年 3 月 15 日用一个锁仓型涨停板吹响了进攻的号角，从此股价便一发不可收拾。

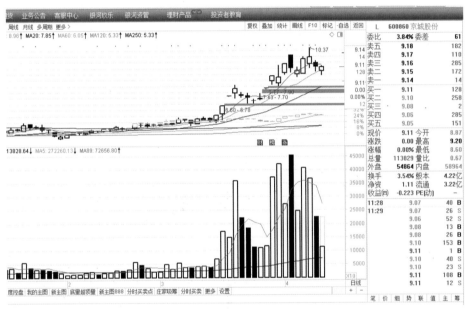

图2-20　京城股份（股票代码600860）

📊 **经典案例四　图 2-21 鸿达兴业（股票代码 002002）**

2018 年 12 月 18 日，鸿达兴业对外发布公告称，公司全资子公司乌海化工股份有限公司为提高氯碱装置生产氢气的利用效率，进一步提高资源能源利用率，完善产业结构，拟投资建设加氢站项目，项目建成后将是内蒙古第一座正式运营的加氢站。2019 年 1 月底，乌海化工收到内蒙古自治区乌海市发展与改革委员会的项目备案批复文件《投资项目同意备案告知》，准予乌海化工加氢站项目进行备案，公司将在乌海市海勃湾区、海南区、乌达区建设 8 座加氢站。

　　除建设加氢站规划以外，鸿达兴业还在 2019 年 2 月与北京航天试验技术研究所签署了氢能项目合作协议，将在氢能技术研发、装备研制推广等方面开展合作，在内蒙古自治区乌海市建设国内首套民用液氢工厂。谈及本次合作，董事长周奕丰告诉记者，氢气液化设备建设是公司氢能发展规划之一，旨在借助军民融合技术优势的基础上，结合公司现有装置的制氢能力，实现液氢大规模制取、储存，大大提高氢气运输效率，降低运输成本，在液氢技术民用上再迈出重要一步。

　　技术形态上，2018 年 9 月 20 日，主力就开始用连续两个 T 字形涨停板暴力抢筹，可见资金非常雄厚，经过将近 4 个月的打压、洗盘、拉升等一系列的运作，主力在 2019 年 1 月 17 日用涨停板强势突破了 120 日均线的重要压力位，随后一组金凤还巢之强庄踩顶解放了大量的套牢盘，股价再也没有跌破 20 日均线，开始了加速上涨的步伐，短短 3 个月便完成了翻倍行情。

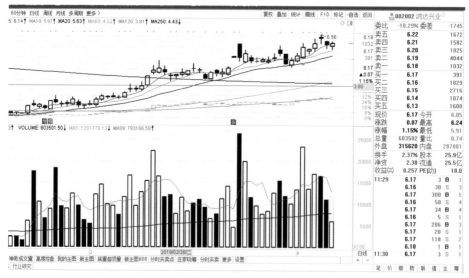

图2-21　鸿达兴业（股票代码002002）

经典案例五　图 2-22 中泰股份（股票代码 300435）

　　杭州中泰深冷技术股份有限公司是一家深冷技术工艺及设备提供商，主营业务为深冷技术的工艺开发、设备设计、制造和销售。公司成立以来，一直坚持"深冷技术研发为核心、关键设备制造为基础、成套装置供应为重点、清洁能源建设为方向"的主营业务定位，主要产品为板翅式换热器、冷箱和成套装置，具体包括 LNG 成套装置和冷箱、液氮洗冷箱、空分冷箱、乙烯冷箱、轻烃回收冷箱及板翅式换热器等。这些产品被广泛应用于天然气、煤化工、石油化工等领域。

技术形态上，2018 年 12 月 7 日，主力用一个 T 字形涨停板暴力抢筹，次日便用倒灌大阴线清洗浮筹，同时也完成了空中加油的动作，经过近三个月的横盘震荡，股价于 2019 年 3 月 7 日站上了所有均线，同时也解放了大量的套牢盘。3 月 18 日又是用一个 T 字形涨停板快速脱离了主力建仓成本区，同时也抬高了未来介入者的持仓成本，经过短暂几天的小幅回调，3 月 29 日遇到 20 日均线的强支撑后，开始暴力拉升，两周时间股价便有了超过 50% 的涨幅。

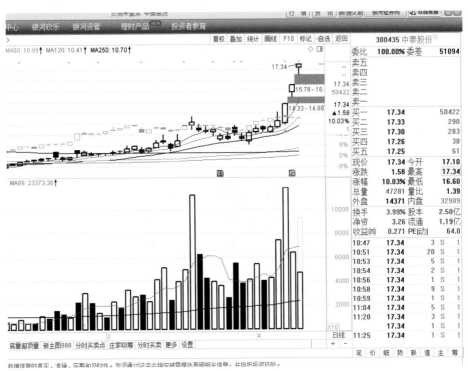

图2-22 中泰股份（股票代码300435）

📊 经典案例六 图 2-23 德威新材（股票代码 300325）

德威新材氢燃料电池的布局如下。

1）国内

（1）2016 年 6 月，德威新材投资 1 亿元在上海成立一家以氢燃料电池研发、生产、销售为核心的全资子公司——上海德威互兴氢能科技有限公司。

（2）上海德威明兴新能源科技有限公司于 2016 年 7 月 21 日在浦东新区市场监管局登记成立，全资子公司，注册资本 10 000 万元人民币，法定代表人周建明。

（3）2018 年 12 月，以自有资金 1 亿元在湖南株洲设立全资子公司湖南德 1 威蓝色动力有限公司。

（4）2017 年 5 月，旗下全资子公司德威明兴与上海国际汽车城（集团）有限公司签署战略合作框架协议。根据协议，双方拟合建一条燃料电池客车太仓—上海虹桥枢纽—安亭的示范路线。该协议的签署有利于公司进一步推进氢燃料电池汽车产业化进程，将美国混合动力公司及美国燃料电池公司的氢燃料电池技术在国内具体落实，打开氢燃料电池汽车的国内市场。

2）国外

（1）2017 年 4 月，公司投资 1000 万美元，取得美国混动 10% 股权。

（2）2016 年 11 月，公司投资 1000 万美元取得美国混动子公司美国氢燃料电池 55% 股权，标的主营为燃料电池商用巴士和卡车动力系统与牵引系统总成及其核心组件的研发和生产。同时，公司获得美国燃料电池公司及美国混动在中国的燃料电池和车辆组装独家决定权。

技术走势上，主力建仓的手法相当彪悍，从 2018 年 12 月 19 日开始，用多组连续涨停板暴力抢筹，其中 12 月 19—20 日连续两个涨停板、12 月 3—5 日三个涨停板、2019 年 1 月 8—9 日又是一个两连板，可见主力资金之雄厚。2019 年 3 月 11 日，主力用一组否极泰来暴涨形态组合完成了站稳 250 日均线的动作，同时也解放了大量的套牢盘，打开了股价的上升通道。经过短暂的横盘修整，股价便展开了快速急拉，不到一个月的时间便完成了 50% 以上的涨幅。

图2-23　德威新材（股票代码300325）

📈 **经典案例七　图 2-24 雪人股份（股票代码 002639）**

福建雪人股份有限公司是一家以制冰、储冰、送冰设备及制冰系统的研发、生产和销售，以及冷水设备、冷冻、冷藏、空调、环保等制冷相关产品的设计、生产及销售为主要业务的公司，主要产品包括制冰系统、片冰机、冷水机、其他制冰设备及制冰系统辅助设备四大类。

（1）公司 2015 年 10 月收购了瑞典 SRM 公司，拥有了全球领先的燃料电池空压机及氢循环泵技术和知名品牌；2017 年 6 月参股了加拿大 Hydrogenics 水吉能 17.6%，水吉能的优势在水电解制氢、加氢站、燃料电池电堆等领域有着全球领先的研发技术和运营经验。自此公司已逐步实现在氢能产业链上的布局：上游水电解制氢、加氢站、氢气液化、下游燃料电池电堆、空气压缩机、氢循环泵，逐步实现氢能源及燃料电池产品的产业化，并向国内外客户销售。

（2）公司以燃料电池电堆、空压机和氢循环泵等关键零部件研发制造为核心，向应用端拓展。2018 年，雪人股份自主研发氢燃料电池发动机通过国家强检认证，并在此基础上延伸开发了十余款燃料电池集成系统（物流车、大巴车、SUV 运动型实用汽车等），其中 2 款大巴车型近期将申报工信部新能源推荐车型目录，其余在排队申报中。公司的燃料电池发动机系统及核心部件目前正在地方落地产业化生产的过程。

（3）公司目前可提供氢燃料电池发动机系统，有着成熟的系统集成能力和应用经验，保证系统的安全可靠，公司在氢能及燃料电池领域的规划是：依托水吉能的核心技术和运营经验，逐步实现氢燃料电池电堆的国产化，并为上游水电解制氢、加氢站及氢气液化等核心装备提供国产化设备。

技术形态上，2019 年 1 月 14 日，主力用涨停板强势突破 250 日均线，而后收出的 K 线几乎没有上下影线，即便有也是很短，说明主力已经高度控盘，从此股价一路高歌猛进，不到 3 个月便完成了超过 100% 的涨幅。

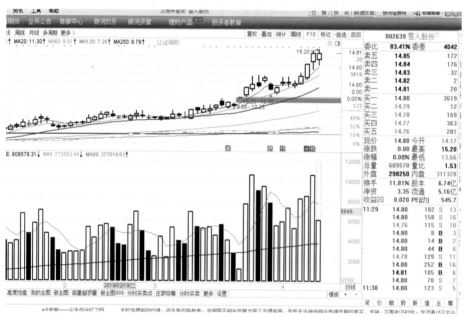

图2-24　雪人股份（股票代码002639）

📊 **经典案例八　图 2-25 雄韬股份（股票代码 002733）**

雄韬股份主要从事化学电源、新能源储能、动力电池、燃料电池的研发、生产和销售业务，主要产品涵盖阀控式密封铅酸蓄电池、锂离子电池、燃料电池三大品类。在 21 世纪初，公司曾是铅酸电池行业的一线品牌，特别是在 UPS（不间断电源）领域，更是其中的佼佼者。曾经连续 8 年位列中国密封蓄电池出口量第一，早些年为国家换回了宝贵的外汇，也收获了无数的荣誉和光环。

公司从多年以前就开始布局氢燃料电池，尤其是在 2017 年，对氢燃料电池的投资力度前所未有。据中国电池联盟统计，2017 年雄韬股份总共投入了 63 亿元在燃料电池上，其中最大的一笔投资发生在 2017 年 10 月底，公司斥资 50 亿元在湖北省武汉经济技术开发区投资建设雄韬氢燃料电池产业园。

公司将燃料电池作为战略转型的重要选择，成立雄韬氢雄统筹燃料电池业务板块；子公司雄韬氢雄主要负责集团旗下的燃料电池业务，已完成制氢、膜电极、燃料电池电堆、燃料电池发动机系统、整车运营等氢能产业链上关键环节的布局，并相继在武汉、大同投建燃料电池产业园。目前，雄韬氢雄已经完成了在以燃料电池发动机为核心的整个产业链上关键环节的卡位布局。

技术形态上，时间进入 2019 年，股价已经站稳了除 250 日均线的所有均线，并且沿着 5 日均线强势走牛，量价配合完美，一周以后便走出了"步步高升见涨停"的经典形态，可见主力早有预谋，短短两周便走出了翻倍行情。

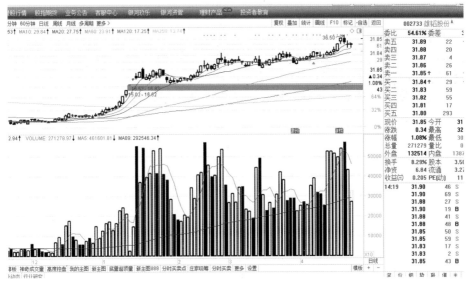

图2-25　雄韬股份（股票代码002733）

二、行业消息刺激

1.5G 的应用

工业和信息化部发布的《信息通信行业发展规划（2016—2020 年）》明确提出，2020 年启动 5G 商用服务。根据工业和信息化部等部门提出的 5G 推进工作部署以及三大运营商的 5G 商用计划，我国于 2017 年展开 5G 网络第二阶段测试，2018 年进行大规模试验组网，并在此基础上于 2019 年启动 5G 网络建设，最快将在 2020 年正式推出 5G 商用服务。

5G 网络作为第五代移动通信网络，其峰值理论传输速度可达每秒数 10GB，这比 4G 网络的传输速度快数百倍，整部超高画质电影可在 1 秒之内下载完成。随着 5G 技术的诞生，用智能终端分享 3D 电影、游戏以及超高画质（UHD）节目的时代已向我们走来。

受此特大利好刺激，通信设备板块应声而起，先是中通国脉（股票代码 603559）揭竿而起，后有武汉凡谷（股票代码 002194）（现为 ST 凡谷）紧紧跟随，到 2018 年底，东方通信更是独领风骚，进入 2019 年，本板块的广电电气也是不甘落后，连续拉升出 4 个涨停板。

经典案例一 图 2-26 中通国脉（股票代码 603559）

中通国脉作为国内专业的通信技术服务商，专注于通信技术服务主业，致力于为基础电信运营商和通信设备商提供涵盖核心网、传输网和接入网等全网络层次的通信网络工程与维护综合技术服务。同时，通信技术服务行业存在较高的资质壁垒，具备相应的资质认证对获取项目资源、扩大市场份额、增强自身竞争优势至关重要。2017 年 9 月之前，公司已与中国联通（股票代码 600050）、中国移动、中国电信、阿尔卡特、爱立信和华为等国内外知名企业建立了稳定的长期合作业务关系。中通国脉在受到行业利好消息的刺激后，在主力资金的推动和引导下一气呵成，两周内便完成了翻倍的行情。

图2-26　中通国脉（股票代码603559）

📈 经典案例二　图2-27 武汉凡谷（股票代码002194）

武汉凡谷（现在称为 ST 凡谷）借着 5G 的利好和板块效应紧跟中通国脉涨停板的步伐，一鼓作气，走出了 7 天 6 个涨停板的走势，龙头效应极为显著。而在此之前，武汉凡谷的主力早已根据重大利好开始布局，至重大利好出台前，其股价的趋势和技术形态也趋于完美，进一步体现了行业消息刺激与股票技术形态的完美结合。

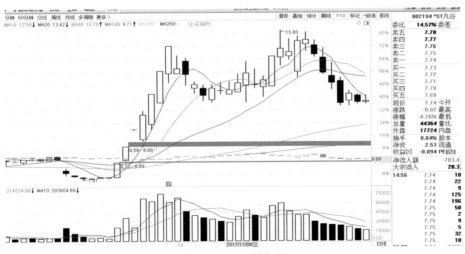

图2-27　武汉凡谷（股票代码002194）

📈 经典案例三 图 2-28 武汉凡谷（股票代码 002194）

2018 年 11 月，ST 凡谷（股票代码 002194）再次受利好板块 5G 将应用于商用的消息刺激，在主力的推动和引导下，市场资金再度涌入，走出了和东方通信一样的暴涨行情。

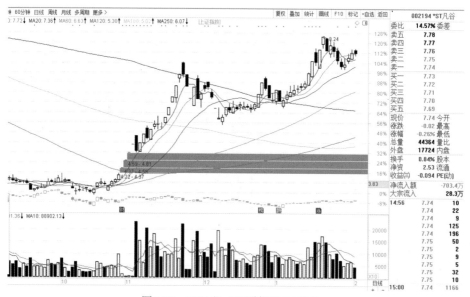

图2-28 ST凡谷（股票代码002194）

📈 经典案例四 图 2-29 东方通信（股票代码 600776）

东方通信是地地道道的正宗 5G 概念，其所在公司从事的主要业务是以专网通信为基础的企业网及信息安全业务、以金融电子为基础的智能自助设备和以信息通信技术服务为基础的综合服务及运营业务。公司主要面向政府和企事业部门提供应急通信范畴的专用网络通信设备及整体解决方案，向银行及政府机构提供现金和非现金类自助服务终端、软件及相应设备的维保服务。此外，还包括向移动通信运营商及通信设备厂商提供移动通信公网通信产品、信息安全软件、整体解决方案以及网络优化和服务；同时提供电子产品制造及科技园区管理等服务。在 2018 年 11 月 26 日之前，主力根据 5G 概念消息提前布局，并于 2018 年 11 月 26 日发动行情，使东方通信的股价在短短的两个月内走出涨幅接近350%的行情。

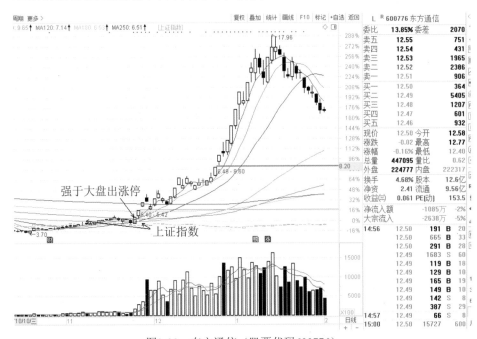

图2-29　东方通信（股票代码600776）

2. 柔性屏的应用

2019年春节期间，柔性屏产品大出风头，柔宇科技的柔性屏系列产品亮相大年三十央视春晚、大年初一广东卫视春晚、CCTV-3央视综艺频道、2019年深圳春节联欢晚会等。此外，三星、华为、OPPO等也在2月推出折叠屏手机。多数机构认为，2019年是柔性屏元年。业界知名咨询公司IHS预测，2019年可折叠AMOLED面板出货量将达140万台，2025年将达5000万台。

OLED概念股借此大火一把，市值增加超过了1100亿元，该板块自2月1日起开始启动，连续5个交易日板块指数涨幅超过2%。

板块内个股中，领益智造（股票代码002600）、维信诺（股票代码002387）、联得装备（股票代码300545）等多只股票连续收获涨停板，市场一片火爆，板块内个股近5个交易日平均涨幅超过26.5%。

📊 **经典案例一　图 2-30 领益智造（股票代码 002600）**

　　领益智造科技（东莞）有限公司（简称领益智造，股票代码：002600），主要业务板块按产品分类主要包括精密功能及结构件、显示及触控模组、材料、贸易及物流业务等，其中公司重点发展制造类相关的业务，具体产品包括精密功能件（模切、数控机床、冲压、注塑等）、精密结构件、液晶显示模组、电容式触摸屏、磁性材料、电线电缆、电机、次组装等，相关产品广泛应用于消费电子产品、自动化类仪器仪表及机械手、车载工控、智能安防、智能穿戴、智能家居、新能源汽车等领域。

　　技术形态上，2019 年春节后，多条均线就开始高度黏合，蓄势待发，2 月 11 日，主力用涨停板一阳穿四线强势突破 60 日均线，次日又是涨停板突破 120 日均线的重要压力位，两天连下两城，主力势如破竹，随后借着柔性屏的利好题材的东风，打出了连续 4 个涨停板，其中 3 个是一字涨停板，可见主力多么强势。经过短暂的盘整，2 月 25 日和 28 日，主力再次用两个涨停板突破了 250 日均线的重要压力位，从此开始了一段更迅猛的拉升，连续走出了 6 个涨停板。

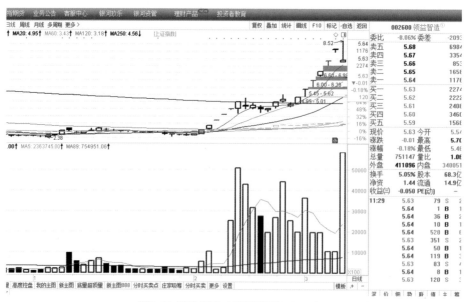

图2-30 领益智造（股票代码002600）

📊 **经典案例二　图2-31 联得装备（股票代码300545）**

深圳市联得自动化装备股份有限公司（简称联得装备，股票代码：300545），公司主营业务为：电子专用设备与解决方案供应商，产品主要为平板显示模组组装设备等。

技术走势上，2018年10月以后，K线形态已经几乎没有上下影线了，全是以小阴小阳线报收，一方面说明市场上流通筹码已经很少；另一方面也说明主力已经高度锁仓，有能力把股价控制在一定范围内了。

2018年12月27日，主力以迅雷不及掩耳之势拉出一个涨停板，并于次日再次收出T字形涨停板，目的是快速脱离成本区，防止中小投资者跟随。突破120日均线后，经过了将近一个月的横盘整理，2019年春节后的第二个交易日，便借着柔性屏大规模应用的利好消息，开始快速拉升，连续收出多个涨停板，短短不到10个交易日便走出了翻倍行情。

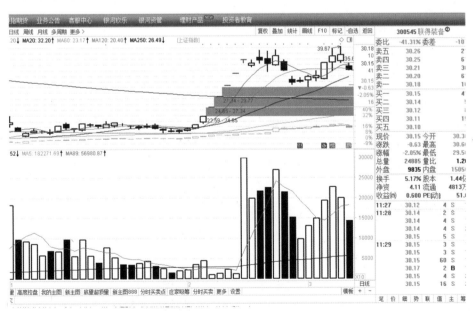

图2-31　联得装备（股票代码300545）

📊 **经典案例三　图2-32 维信诺（股票代码002387）**

维信诺公司成立于2001年，是中国大陆第一家OLED产品供应商。它是基于清华大学有机发光显示器（organic light emitting display）技术成立的，集 OLED 自主研发、规模生产、市场销售于一体的高科技企业。据了解，维信诺目前拥有 3500 多项 OLED 相关专利，特别是柔性 AMOLED 技术已经达到世界先进水平。

中国内地维信诺在 2018 年 5 月宣布第六代柔性 AMOLED 生产线即将量产。据悉，这条生产线投资将近 300 亿元，具有完全的自主知识产权，融合了多项自主创新技术和关键工艺，是目前国内最专业、最先进的全柔生产线之一。该条生产线建设在河北省廊坊市固安产业新城，产能为每月 3 万片，可以满足近 1 亿部智能手机等设备对高端屏幕的需求，减轻乃至摆脱对国外产品的依赖。这条生产线也是河北省投资最大、科技水平最高的项目之一。

技术形态上，2019 年 1 月 25 日，主力便用一个涨停板强势上穿了 4 条均线，说明市场成本已经趋于高度一致，后来的股价一直沿着 5 日均线步步高升，春节后的第二个交易日，再次用 1 个涨停板突破 120 日均线的重要压力位，借着柔性屏的热点题材，又连续收出 3 个一字涨停板，短期内股价有了翻倍的涨幅。

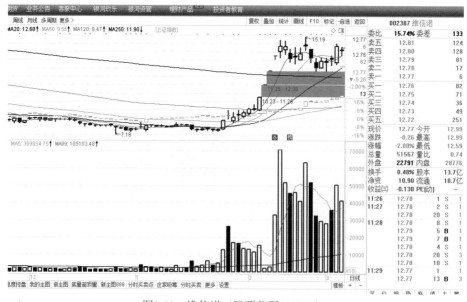

图2-32　维信诺（股票代码002387）

📈 经典案例四 图2-33 华映科技（股票代码000536）

华映科技（集团）股份有限公司是一家专门从事新型平板显示器件、液晶显示屏、模组及零部件的研发、设计、生产、销售和售后服务的公司。公司目前主要从事液晶模组的加工、制造及相关售后服务。

技术形态上，主力从2018年11月就开始用小阳线和多个十字星线悄悄地建仓，随后用11月13日的涨停板吸引中小投资者的眼球，等散户跟进后，再利用人们认为120日均线有压力这个心理，反手打压，顺利地收集到廉价筹码。经过将近三个月的吸筹、拉升等震荡整理，在2019年春节后的第三个交易日强势突破120日均线的重要压力位，完成了龙回头暴涨形态的雏形，经过两天的回调，股价再也没有跌破倒数第二个涨停板的收盘价，龙回头形态确立，随后的15个交易日股价便完成了翻倍行情。

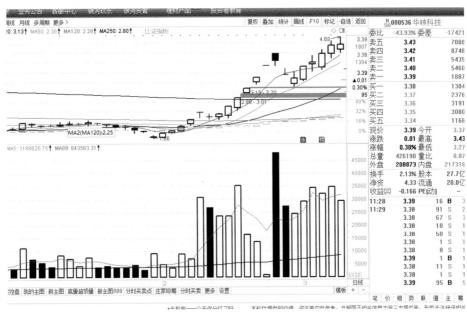

图2-33 华映科技（股票代码000536）

📈 经典案例五 图2-34 国风塑业（股票代码000859）

安徽国风塑业股份有限公司是一家塑胶建材及附件经营生产型公司，主要产品是塑料薄膜、工程塑料、非金属材料和新型木塑建材。公司目前是国内烟草厂商 BOPP（双向拉伸聚丙烯）薄膜的主要供应商之一，拥有亚洲最大的 BOPP 薄膜生产线。2010 年，公司新增专利授权 10 项（其中发明专利 3 项），新增专利申报 12 项（其中发明专利 3 项）。公司自主研发的云雾型消光膜等四项新产品获得了省级新产品鉴定。公司主要从事生产经营双向拉伸聚丙烯薄膜和双向拉伸聚酯薄膜等包装膜材料和电子信息用膜材料、木塑新材料、工程塑料以及蓝宝石晶片等方面的业务。

技术形态上，2019 年 1 月 10 日，主力用一根带有长长的上影线试探上方的抛压盘，随后横盘收出一组十字星线，低位连续收十字星线意味着变盘在即。果不其然，两周后主力突然发力，用涨停板一举强势突破 250 日均线的重要压力位，随后股价便登上了"一字云梯"，连续拉出 10 个涨停板，其中 7 个是一字涨停板，直到出现 9.99 元的双零逃顶密码，这波疯狂的拉升才算谢幕。

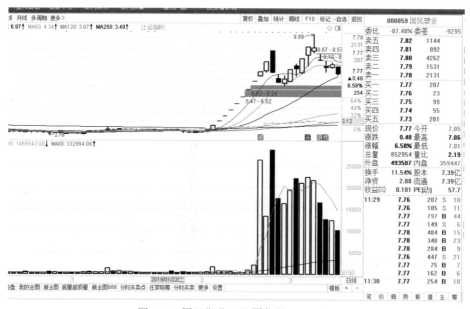

图2-34　国风塑业（股票代码000859）

📊 经典案例六　图 2-35 深天马 A（股票代码 000050）

深天马公司是一家在全球范围内提供显示解决方案和快速服务支持的创新型科技企业，主要经营液晶显示器（LCD）和液晶显示模块（LCM）。

公司聚焦于移动终端消费类显示市场和车载、医疗、工控等专业类显示市场，这两大类产品广泛应用于智能手机、平板电脑、车载显示、医疗显示、工业仪表、智能穿戴和智能家居等众多领域，是国内规模最大的液晶显示器及模块制造商。

2017 年年报显示，公司主营构成为液晶显示屏及模块占比 98.35%，其他业务占比 1.65%。

公司在 2019 年国际消费电子产品展（CES）上推出柔性屏、透明显示 OLED 屏、印刷显示 OLED 屏以及面向车用、零售等专业显示领域的多种新产品。在本次 CES 上展出的透明显示 OLED 屏、印刷显示 OLED 屏、全反射式正圆形显示屏都是基于公司的 OLED 技术进行的创新，显示了 OLED 技术的强大创新潜力。

公司在 OLED 领域的布局较为领先，早在 2010 年，公司就在上海投建了国内第一条 4.5 代 OLED 中试线，经过多年探索，成功掌握了关键技术和工艺。

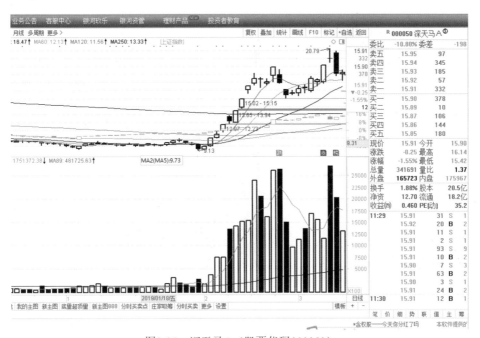

图2-35 深天马A（股票代码000050）

2019年春节后第一个交易日，跳空高开后，股价就一路上扬，盘中再也没有跌破分时均价线，直到封死涨停板，主力用这种一阳穿四线的方式强势突破了60日均线的重要压力位，次日再次跳空高开，可见主力已经高度控盘。三天后，不但没有回补跳空缺口，还走出了一个反包型涨停板并强势突破了250日均线的重要压力位。一周连续突破三个重要压力位，主力的实力可见一斑。随后主力继续高歌猛进，11个交易日走出了6个涨停板的强势走势，股价也完成了从9元到18元的翻倍涨幅。

📊 经典案例七　图2-36 凯盛科技（股票代码600552）

凯盛科技股份有限公司是我国重要的ITO导电膜信息显示材料基地、华东地区重要的在线镀膜玻璃生产基地、优质石英砂基地和安徽省唯一的浮法玻璃研发与生产基地，主要产品包括ITO导电膜玻璃、浮法玻璃、手机液晶屏模组等。公司的主导产品ITO导电膜玻璃、CVD（化学气相沉积）在线镀膜玻璃荣获省级高新技术产品称号，产销能力居全国领先地位。

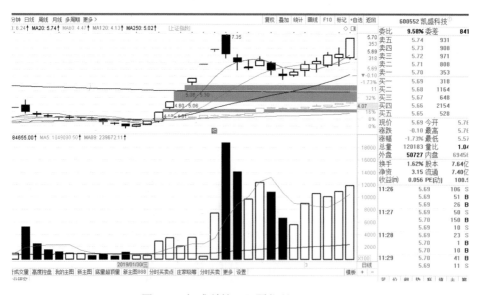

图2-36　凯盛科技（股票代码600552）

技术形态上，2018年底，短期均线已经高度黏合，说明主力短期的市场成本非常接近；2019年1月17日，主力用一个一字涨停板强势突破了

120 日均线的重要压力位，吹响了进攻的号角。次日用一个高开低走的大阴线完成了空中加油的动作，同时又清洗了很多不坚定的中小投资者持有的浮筹，经过半个月的缩量回调，春节后的柔性屏热点题材激活了该股，2 月 12 日，开盘后，股价平开平走，经过近 40 多分钟的多空双方的试探，最终多方胜出，10：30 完成了第一波的拉升，短暂的横盘整理之后，上午收盘前封死了涨停板，这个一阳穿五线的涨停板突破了多个重要压力位，为后面的强势拉升奠定了坚实的基础。果不其然，连续 6 个涨停板让股价在短短的两周内就走出了翻倍行情。

📈 **经典案例八　图 2-37 华东科技（股票代码 000727）**

华东科技是主要从事晶体元器件、显示器件、新型电子器件、电子材料及真空电子器件的生产销售、动力供应等的公司。公司的主要产品包括显像管、显示管、LCD、GPS（全球定位系统）、照明、节能光源、晶体元器件、商用空调、医疗电子设备、太阳能系列产品、计算机配件等门类。"电工"牌主导产品已全部通过 ISO 9001 质量保证体系认证，并通过 ISO 14001 环境体系认证，其中荧光灯产品是首先通过 ISO 9002 质量体系认证的光源产品。

技术形态上，2018 年 10 月 22 日，主力用一组早晨之星开始悄悄地建仓，并且连续 6 个交易日收出了小阳线，在随后的半个月时间内，主力分别收出了三个准涨停板（其中两个是炸板），可见主力收集筹码的信心很坚决，资金也很雄厚。这样的暴力建仓手法也为后来的强势拉升奠定了基础，俗话说，三岁看小，七岁看大，股票也一样，它的建仓时期的手法会决定它后期拉升时的手法，我们不要期待建仓时期很长的股票到主升浪时会走出连续的涨停板。2018 年 11 月 14 日和 2019 年 1 月 14 日，主力分别用两个带有长上影的 K 线试探上方的抛压盘，有上影线说明抛压很大，继续回调，透露出暂时不拉升的假象。

2019 年 1 月 31 日，主力收出了一个最低价为 1.44 元的双零抄底的 K 线形态，然后连续三天收盘价越来越高，直到 2 月 13 日开盘股价就站稳了 120 日均线的重要支撑位，随后的两波快速拉升封死了涨停板，此后的收盘价再也没有跌破这个涨停板的中心位。然后股价一直沿着5日均线慢慢推进，2月21日，主力再次用涨停板一举突破250日均线的重要压力位，从此股价进入快速拉升期，不到一个月便完成了超过120%的涨幅。

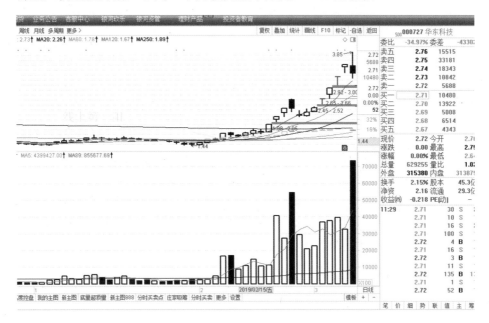

图2-37　华东科技（股票代码000727）

三、资 产 注 入

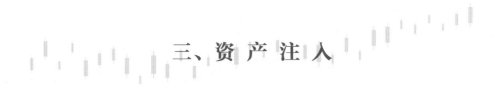

经典案例一　图2-38廊坊发展（股票代码600149）

廊坊发展（现在称为"ST发展"）之前只不过是有着国资委背景、国企改革标的、京津冀一体化先锋的普通股票。2016年4月14日一纸权益变动报告书昭告天下，恒大地产在2016年4月11日通过上交所大宗交易平台买入1845.73万股廊坊发展所在公司的股份，又在2016年4月12日通过上交所集中竞价交易系统买入57.07万股，两次交易成交均价分别为15.28

元、15.87 元，总共斥资 2.91 亿元。本次增持完成后，恒大地产持有 1902.8 万股廊坊发展，占公司总股本的 5.005%。恒大地产以雷厉风行之速成功完成举牌，一跃成为廊坊发展的第二大股东。廊坊发展由于傍上了恒大地产这个"大款"，受到资产注入的刺激和主力的青睐，股价在短短的 3 周时间内就暴涨了 150%。之前恒大地产前脚举牌，廊坊发展后脚就停牌，由于恒大地产资产的注入使即将被 ST 的廊坊发展瞬间由绩差股转危为安，成为备受青睐的热门股，股价也从底部的 14 元一鼓作气拉升至 36 元。

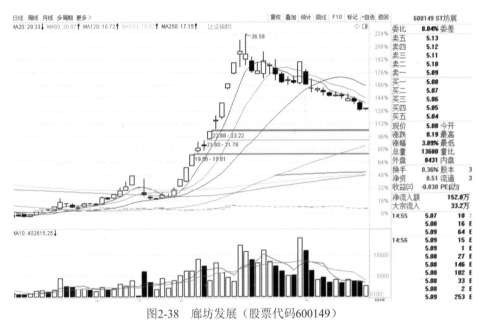

图2-38　廊坊发展（股票代码600149）

📊 **经典案例二　图 2-39 三六零（股票代码 601360）**

江南嘉捷 2016 年 1 月 2 日午夜披露重组草案，公司拟出售其全部资产及负债，通过资产置换及发行股份购买三六零科技股份有限公司（简称"三六零"）100% 股权。其时，三六零 100% 股权的作价为 504.16 亿元。江南嘉捷披露重组草案显示，本次重组包括重大资产出售、重大资产置换及发行股份购买资产两大部分。其中，拟置入资产 504.16 亿元，为上市公司 2016 年末资产总额 28.18 亿元的 1789.27%。重组后，上市公司实控人由金志峰、金祖铭变更为周鸿祎。故本次交易构成重组上市（借壳）。

在重大资产出售部分,江南嘉捷截至 2017 年 3 月 31 日拥有的除全资子公司嘉捷机电 100% 股权之外的全部资产、负债、业务、人员、合同、资质及其他一切权利与义务划转至嘉捷机电。在划转重组的基础上,江南嘉捷分别将嘉捷机电 90.29% 的股权以现金方式转让给金志峰、金祖铭或其指定的第三方,交易作价为 16.9 亿元;将嘉捷机电另 9.71% 股权与三六零全体股东拥有的三六零 100% 股权的等值部分进行置换,由三六零全体股东再将这 9.71% 股权转让给金志峰、金祖铭或其指定的第三方。

受这个利好消息的刺激,江南嘉捷连续拉出 20 个一字涨停板,创造了 2017 年一步登天的股市神话。

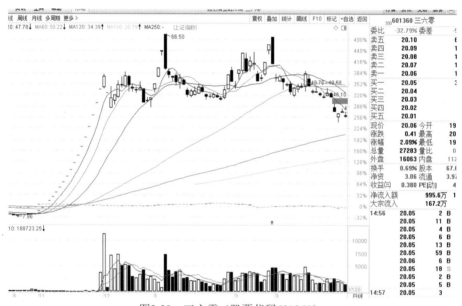

图2-39　三六零(股票代码601360)

📈 **经典案例三　图 2-40 亚夏汽车(股票代码 002607)**

亚夏汽车 2018 年 5 月 4 日晚间发布公告,称公司拟将除保留资产以外的全部资产与负债作为置出资产,与 11 名股东交易对方持有的中公教育 100% 股权中的等值部分进行资产置换。拟置出资产作价 13.51 亿元,拟置入资产作价 185 亿元;差额部分由亚夏汽车发行股份向中公教育全体股东购买;另外,公司控股股东亚夏实业向中公教育合伙人李永新和鲁忠芳分别转让 8000 万股和 7269.66 万股公司股票，交易后李永新和鲁忠芳成为实控人。

中公教育是国内最早从事非学历职业就业培训的民营企业之一。以 2017 年 12 月 31 日为基准日，中公教育 100% 股权的评估值为 185.35 亿元，评估增值 175.35 亿元，评估增值率为 1752.92%。对此，公司方面表示，标的资产的评估增值幅度较大，主要是由于中公教育所处行业发展前景广阔，而标的资产自身已是全国领先的非学历职业就业培训服务提供商，具有较强的盈利能力，其人才储备、品牌形象、知识产权等重要的无形资源无法量化体现。

受此利好消息的影响，亚夏汽车的股价从 4 元一直飙升到 15 元，期间曾经连续走出 9 个一字涨停板，短短不到一个月的时间，区间涨幅超过了 3.5 倍。

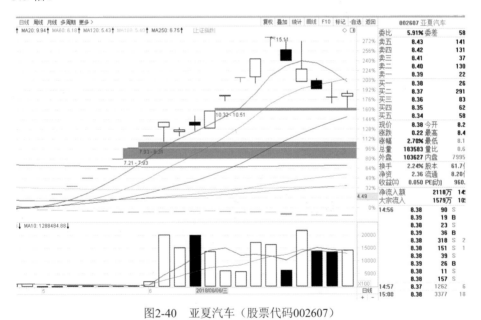

图2-40　亚夏汽车（股票代码002607）

📈 **经典案例四　图 2-41 通产丽星（股票代码 002243）**

2018 年 12 月 8 日，通产丽星发布重大资产重组预案：公司拟向深圳清研投资控股有限公司（以下简称"清研投控"）等 9 家企业发行股份，购

买上述企业持有的力合科创集团有限公司（以下简称"力合科创"）100%
股权，标的资产预估值约为 55 亿元。除拟发行股份购买资产外，通产丽星
还拟向不超过 10 名投资者非公开发行股票，募集不超过 5 亿元配套资金。

　　公开资料显示，清研投控是力合科创第一大股东，持有力合科创
52.12% 的股份。而深圳市国资委是清研投控的实际控制人，深圳市国资委
通过旗下的深圳市投资控股有限公司，间接持有清研投控 50% 的股权。而
通产丽星目前的第一大股东则是深圳市通产集团有限公司（以下简称"通产
集团"），其持有通产丽星 51.52% 的股份。交易完成后，通产集团对通产
丽星的持股比例下降至 16.23%，而清研投控将持有通产丽星 35.70% 的股权，
成为通产丽星的控股股东。

　　本次预案引发市场热议，而市场关注的焦点在于，力合科创是否为创
业投资企业或类金融机构，其是否想借此实现重组上市。2018 年 12 月 17
日，深交所也就此下发问询函，要求通产丽星就本次重组是否构成重组上市、
力合科创主营业务情况等问题进行正面回复。

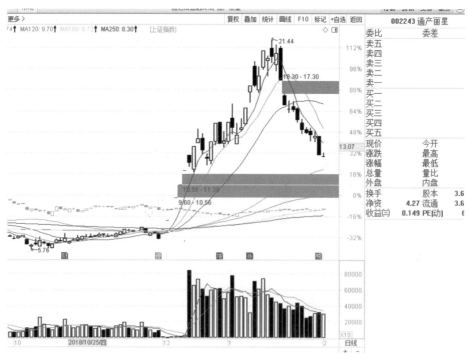

图2-41　通产丽星（股票代码002243）

引发争议的同时，通产丽星的重组却受到投资者的"热捧"。披露重组预案后，通产丽星股票于 2018 年 12 月 10 日开市起复牌，从复牌日至 2019 年 1 月 7 日，通产丽星股价从 6.56 元暴涨至 14.8 元，涨幅高达 125.61%。期间大盘跌幅为 4.31%，而其板块涨幅则仅为 1.85%。

四、重大社会事件

北京奥运会的召开使得绩差股北京旅游（股票代码 000802，现在名为"北京文化"）遭到主力的大幅炒作，股价自 2008 年 6 月 1 日的 11.70 元一直涨到奥运会开幕当天的最高点 29.79 元，涨幅达到 154%。同板块的奥运概念也都提前得到反复炒作。另外，亚运会、世博会、汶川大地震、风暴雨雪灾害等都会产生重要的交易性机会。

1. 突发事件

2019 年 3 月 21 日，江苏盐城响水县天嘉宜公司发生爆炸，公司拥有间苯二胺（分散染料中间体）产能 1 万吨，是行业内仅次于浙江龙盛的第二大核心生产工厂，此次爆炸将影响间苯二胺约 25% 的市场容量，势必会引发分散染料行业的巨震，直接导致产品供应短缺，价格上涨。拥有最大间苯二胺（染料中间体）产能的上市公司浙江龙盛，将是最直接的受益者。

经典案例一　图 2-42 浙江龙盛（股票代码 600352）

受江苏爆炸事件的影响，2019 年 3 月 22 日开盘伊始，浙江龙盛的股价就以涨停价开盘，盘中尽管一度打开涨停，但很快就被抢筹的资金封死涨停，并就此展开了一波一涨不回头的快速拉升走势。到 4 月 8 日为止，10 个交易日已经收获了 6 个涨停板，区间涨幅高达 121.54%。直到两天后，出现了 26.66 元的一条龙的双零逃顶密码，本波行情才画上句号。

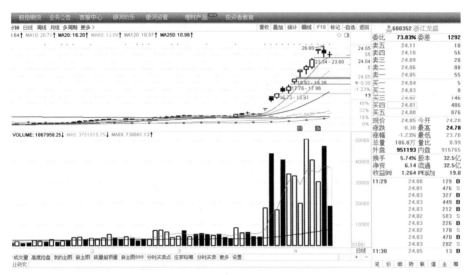

图2-42　浙江龙盛（股票代码600352）

经典案例二　图2-43 闰土股份（股票代码002440）

　　浙江闰土股份有限公司（简称闰土股份，股票代码：002440）主要从事纺织染料、印染助剂和化工原料的研发、生产和销售。公司纺织染料的生产规模、技术水平和产品质量均处于国内领先水平，在国内染料市场份额排名第二。

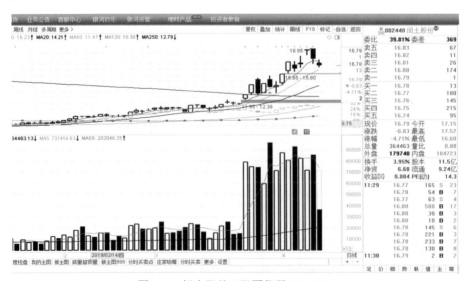

图2-43　闰土股份（股票代码002440）

受爆炸事件的影响，相关化工产品开始涨价，闰土股份也是受益者。本来技术走势上股价也已经进入上升通道，2019 年 2 月 12 日，收盘价已经连续三天站稳 120 日均线的强支撑，5 日均线、10 日均线、20 日均线和 60 日均线已经形成多头排列，3 月 22 日，受这起突发事件的影响，股价直接跳空高开，然后封死涨停板，同时也突破了 250 日均线的重要压力位，随后股价便走出了一波凌厉上涨的行情。

经典案例三 图 2-44 海翔药业（股票代码 002099）

浙江海翔药业股份有限公司主要从事生产化学合成医药原料药和精细化学品（包括中间体）。公司生产的原料药包括人药部分和兽药部分，主要产品有抗生素类、降糖类、消炎镇痛类、驱虫类、利尿类等药物。2005 年度，该公司列我国化学原料药企业销售收入 100 强的第 26 位，是全国医药工业企业创新能力百强企业之一，是浙江省首批诚信示范企业、浙江省自营出口优秀生产企业、浙江省工商联民营会员百强企业，是国家火炬计划重点高新技术企业、浙江省高新技术企业、台州市绿色企业。

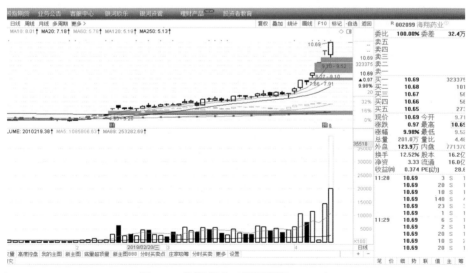

图2-44 海翔药业（股票代码002099）

从基本面看起来非常亮丽，技术形态上更让人欣喜，2019 年 2 月 1 日，主力用一个跳空高开的 T 字形涨停板强势突破了最后一道防线——250 日均线，留下了一条宽宽的"护城河"，此后股价再也没有跌破这个跳空缺口。股市有云，缺口不补，后市如虎，然后股价一直沿着5日均线和10日均线向上攀升，每天收出的没有上下影线的K线也证明了主力已经高度控盘。2019年4月2日，主力用一个锁仓型涨停板开启了股价快速拉升之旅，6个交易日的涨幅便超过了50%。

经典案例四　图2-45 世龙实业（股票代码002748）

江西世龙实业股份有限公司主营业务产品为AC发泡剂、氯化亚砜和烧碱。自成立以来，公司逐步形成以氯碱为基础，以AC发泡剂、氯化亚砜等精细化工产品为主线的产业链。公司的主要产品有普通型AC发泡剂、微细型AC发泡剂、低温型AC发泡剂、高纯度氯化亚砜、30%液碱、32%液碱、40%液碱等多种产品。公司是国内第二大AC发泡剂和氯化亚砜生产商。公司经过自行研发掌握了改良型AC发泡剂的生产技术，并拥有自主知识产权，2011年、2014年，公司连续被推选为中国氯碱工业协会AC发泡剂专业委员会主任单位。在氯化亚砜行业，公司已经成为行业生产技术的示范者

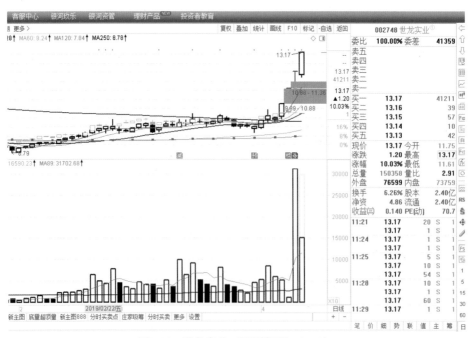

图2-45　世龙实业（股票代码002748）

和领跑者，公司掌握的二氧化硫全循环法生产高纯度氯化亚砜方法处于国内领先水平。

在2019年2月1日—4月3日的39个交易日之内，主力收出了30个阳线、9个阴线，而且阴线大都是缩量的，期间没有大阳线，说明主力在悄悄地用限价吸筹，但是中间曾三次试探250日均线的重要压力位。股市有云，小阳推进，必见大阳。4月1日，一根大阳线穿过四条均线之后的第三天便出现了一个锁仓型涨停板，随后股价一路飙升，一周内连续收出了5个涨停板。

经典案例五 图2-46 江山股份（股票代码600389）

江山农药化工股份有限公司是一家大型综合农药化工企业，为国家火炬计划重点高新技术企业、中国化工100强企业及农药行业50家最佳经济效益工业企业，主营农药、氯碱、精细化工、高分子材料产品的生产和销售。公司主要产品有除草剂、杀虫剂、杀菌剂等农药，通用树脂、特种树脂等化工材料，多聚甲醛、四羟基吡啶、甘氨酸等精细化工中间体以及氯甲烷、氯碱等基础化工原料。

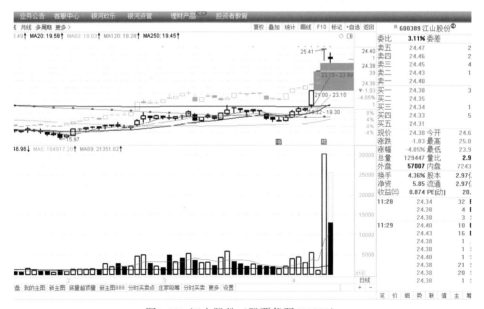

图2-46 江山股份（股票代码600389）

2019 年 3 月 28 日，在爆炸事件后的一周，重要股东增持了 14 万股。再加上江苏整治化工园区的利好，鲜有涨停板的江山股份在 4 月 4 日强势收出涨停板并一举突破 250 日均线的重要压力位，次日又是一字涨停板，直到第四个交易日出现了最高价 27.77 元的双零逃顶信号，本波行情才宣告结束。

经典案例六　图 2-47 辉丰股份（股票代码 002496）

江苏辉丰生物农业股份有限公司是一家生产化学农药产品的公司。公司主要产品为咪鲜胺原药、辛酰溴苯腈原药、二氰蒽醌原药、吡氟酰草胺原药、氟环唑原药及其他农药制剂产品，公司已成为全球最大的咪鲜胺原药生产企业之一，国内最大的辛酰溴苯腈原药、氟环唑原药生产企业之一。全球第一大农药公司拜耳公司、第三大农药公司巴斯夫公司、第七大农药公司马克西姆公司、第八大农药公司纽发姆公司均已成为公司稳定的客户，公司拥有 10 项发明专利，另有 22 项发明专利处于审查之中。

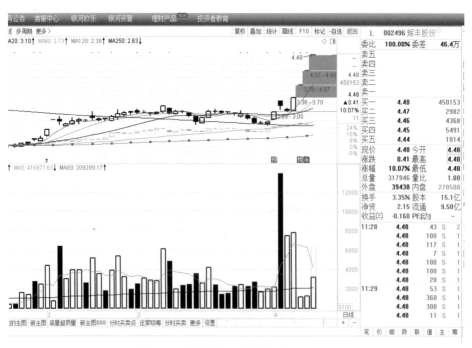

图2-47　辉丰股份（股票代码002496）

2019年1月4日和2019年2月12日的两个一字涨停板已经彰显了庄家强大的实力，一周后突破250日均线的重要压力位，回调再也没有跌破年线这个重要的强支撑。借着化工产品的涨价利好，该股的股价也是连续走出了多个涨停板。

经典案例七 图2-48 华昌化工（股票代码002274）

江苏华昌化工股份有限公司是一家化肥工业企业，公司主要从事基础化工业务，为农业生产、玻璃行业、精细化工等行业提供产品，主要产品有纯碱（工业碳酸钠）、氯化铵、合成氨（液体无水氨）、复合肥料、尿素、甲醇等。

2019年1月10日和11日的两个涨停板连续突破了120日均线与250日均线两个重要压力位，显示了主力资金之雄厚，操盘手法之凶悍，后来又多次用涨停板炸板的方式清洗套牢盘和获利盘，终于在3月19日用一个锁仓型涨停板拉开了进攻的序幕。借着燃料电池和氢能源以及化工产品涨价的多重利好，短短不到一个月的时间，股价便走出了涨幅超过70%的一波大涨行情。

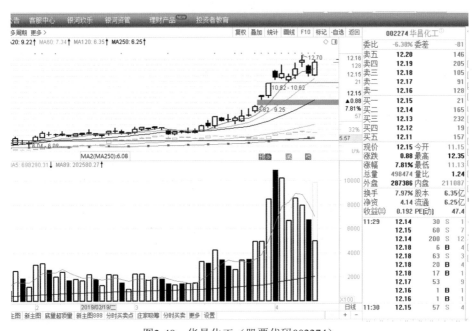

图2-48 华昌化工（股票代码002274）

2. 突发事件的延伸——透明工厂概念

什么是透明工厂概念？ 透明工厂并不是建个透明玻璃房的意思。

所谓透明工厂，指的是数据透明，各生产节点和生产过程都完全透明，可被了解，例如实现生产原料和设备都可以追溯、工艺流程和产品流向都可以查询等能力。它面对的不仅是生产商、经销商，还有消费者。

为什么要实现透明工厂呢？是迫切的需求吗？是大趋势吗？

透明工厂的优势非常明显。它会从全局运营管控、大数据分析、决策看板、风险预警等方面，通过供应链物流数据化引擎提升业务网络透明度，运用订单计划驱动引擎实现资源配置优化，最终通过物流端到端可视引擎，实现企业对安全、时效和协同的需求。

透明工厂炒作由来。 江苏化工厂爆炸事件导致产品涨价和透明工厂确保安全生产，是化工板块炒作的明暗两条线！

化工爆炸导致产品涨价及市场整治这是明线，受益的是未被爆炸波及能够正常生产的化工企业；暗线是倒逼传统工厂向基于大数据的数字化智能工厂（透明工厂）转型，有效减少类似事故的发生。就算发生事故，透明工厂的线上线下信息及时反馈和智能监控也能把负面影响减少到最小范围。

经典案例一　图2-49鼎捷软件（股票代码300378）

鼎捷软件股份有限公司（简称"鼎捷软件"），是亚太地区值得信赖的ERP企业管理软件与服务供应商，是海峡两岸成立较早、用户众多、团队专业、属于中国人的ERP公司，拥有自主的知识产权和创新能力。鼎捷软件完全整合两岸资源，自诞生之日起就致力于实现"让ERP在中国普遍成功"的理想，为国内外众多企业成功地提供了包括ERP在内的专业企业管理软件产品与服务。

技术形态上，2019年2月25日，主力便用一根跳空高开高走的大阳线强势突破了250日均线的重要压力位，随后经过一个多月的横盘震荡，期间主力曾经连续收出了9个十字星线，以"磨"字诀的洗盘方式让部分中小投资者交出手中的筹码后，借着透明工厂的题材开始了它的妖股之旅。

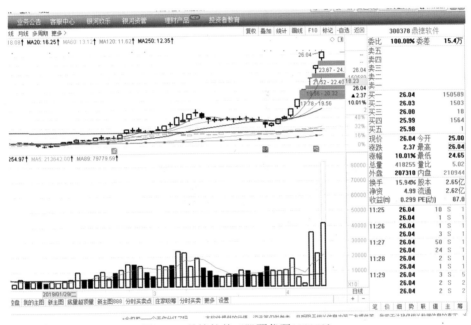

图2-49 鼎捷软件（股票代码300378）

📈 **经典案例二 图2-50泰尔股份（股票代码002347）**

泰尔重工股份有限公司是世界冶金行业装备制造领域的领军企业之一，主要从事工业万向轴、齿轮联轴器、剪刃、滑板、卷取机及卷取轴、包装机器人等产品的设计、研发、制造、销售与服务。公司致力于成为国际一流的先进装备制造商、冶金产业全生命周期的总包服务商和智能钢厂方案解决商。

技术形态上，经过2018年10月19日以后的连续阳线吸筹后，主力便开始了横盘震荡，直到2019年2月18日的涨停板强势突破250日均线的重要压力位，次日高开低走的倒灌大阴线同时完成了清洗获利盘和再次吸筹的动作，直到透明工厂的热点题材出来后，连续拉升了三个涨停板。

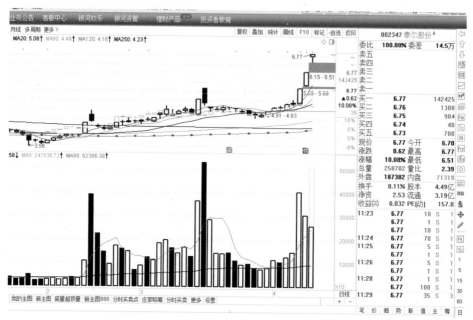

图2-50　泰尔股份（股票代码002347）

五、股权转让

股权转让为什么会催生涨停板呢？一方面，新任控股股东一般有信心、有能力扩大上市公司的盈利能力；另一方面，股权转让又会给上市公司增加一笔投资收益，对股价有一定的利好。

经典案例一　图2-51三江购物（股票代码601116）

2016年11月19日，停牌了约半个月的三江购物发布公告称：公司控股股东和安投资11月18日与杭州阿里巴巴泽泰信息技术有限公司签订了股份转让协议，将其持有的公司9.33%的股份3833.75万股转让给杭州阿里巴巴泽泰。同时，阿里巴巴泽泰拟认购数量为不超过1.37亿股的非公开发行股份，拟募集资金总额不超过15.21亿元。另外，阿里巴巴泽泰还拟认购和安投资发行的不超过 1.88 亿元的可交换债券，6 个月后可转换成 A 股股票，预备可交换的股票为 1643 万股，占目前公司总股本的 4%。

经过上述一系列协议受让、认购定向增发股票及可交换债等方式，阿里巴巴泽泰将成为公司的战略投资者，总投资额约为 21.5 亿元。交易完成后，阿里巴巴泽泰的持股比例高达 35%，成为该公司的第二大股东。

随后，上海证券交易所、宁波证监局两大监管机构一再问询，三江购物公告表示："阿里泽泰与三江购物通过股权合作建立战略合作关系，没有意图通过本次交易获得上市公司实际控制权，不会在未来 12 个月增持三江购物，不改变、不调整主营业务等。"该消息一出，三江购物就吸引了大批资本疯狂涌入。2016 年 11 月 21—29 日，三江购物连续 7 日涨停，随后经过 2016 年 11 月 30 日的调整，又有 7 日涨停。从 11 月 21 日起，三江购物在 18 个交易日中大涨 325%，在"阿里系"的强势入驻和转型"新零售"的概念标签下，三江购物被称为 2016 年底最为引人注目的"妖股"。

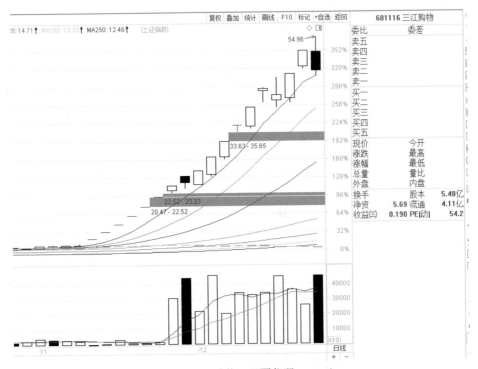

图2-51　三江购物（股票代码601116）

四川双马公司发布公告称：2016 年 8 月 1 日，拉法基中国水泥有限公司（以下简称"拉法基中国"）与天津赛克环企业管理中心（以下简称"天津赛克环"）达成一项框架协议：由天津赛克环以人民币每股 8.084 351 元的价格受让拉法基中国间接持有的四川双马全部可转让股份。8 月 19 日，上述框架以正式协议方式落定。由天津赛克环等三家公司以每股人民币 8.084 351 元的价格，从拉法基中国获得对四川双马 55.93% 的持股比例，交易总金额为人民币 34.52 亿元。

对于剩余的 17.55% 股份，拉法基中国也无意保留，同日，其与 IDG China Capital Fund Ⅲ L.P（译为"IDG 中国投资基金"）达成期权协议。双方约定，待该股份解禁之后，即 2018 年 4 月 8 日后的半年内，IDG 中国投资基金买走剩余股份。双方约定首付款为人民币 3.25 亿元，首付比例 30%，总交易价为 10.83 亿元。

若上述所有协议顺利实施，拉法基中国易手所持四川双马所有股份将获得人民币共计 43.35 亿元。受此次利好消息的刺激，股价一路狂奔，连续拉出多个涨停板，创造了当时的股市神话。

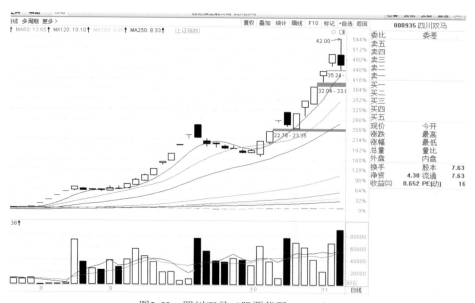

图2-52　四川双马（股票代码000935）

六、产 品 涨 价

经典案例　图 2-53 方大炭素（股票代码 600516）

　　方大炭素股价的持续走高，与市场环境关系密切。当时石墨电极数年的"横盘"走势终结，超高功率石墨电极已经涨至 2 万元／吨以上。或许连业内也不会想到，当时超高功率石墨电极会涨到 13 万元／吨。来自行业涨价的利好消息刺激，直接让方大炭素成为本轮"涨价概念"的龙头。截至 2017 年 7 月 20 日收盘，方大炭素股价报收于 23.8 元，短短一个半月的时间股价涨幅超过 100%。如果说第一波涨到 20 元左右，还可以视作机构基于业绩预期的上涨，但后面这三根大阳线，则可能是游资所为，因为在 7 月 8 日至 17 日横盘阶段，方大炭素换手率大增，筹码随之转移。可见资本的逐利性和嗜血性，它们不会放过任何一个赚大钱的机会。

　　2017 年的钛白粉和维生素涨价也造就了一大批相关龙头个股的股价狂飙。

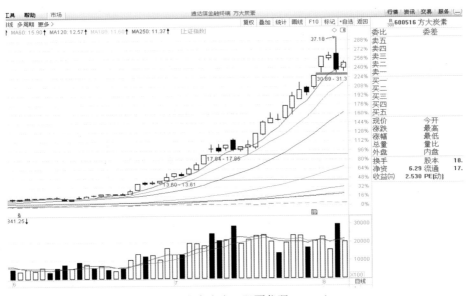

图2-53　方大炭素（股票代码600516）

七、企业并购

经典案例一　图2-54 中国中车（股票代码601766）

中国历史上最让人记忆犹新的企业并购事件当属中国南北车两车合并。中国南车与中国北车于2014年12月30日晚双双发布重组公告，正式宣布双方以南车换股吸收北车的方式进行合并，合并后的新公司更名为"中国中车股份有限公司"。

受合并消息的利好刺激，中国中车的股价一路狂奔，从4元一直飙升到40元附近，让人不免心生感叹，资本的力量好强大，这么大的流通盘都能连续拉出涨停板。

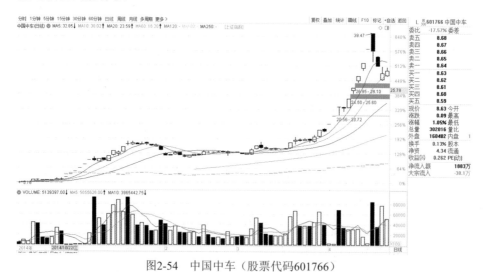

图2-54　中国中车（股票代码601766）

经典案例二　太行水泥（股票代码600553）

金隅集团和太行水泥（现已因被金隅集团收购而退市）重大交易引发太行水泥的暴涨。

　　金隅集团于 2010 年 6 月 5 日发布吸收合并公告：金隅集团将控股股东河北太行华信建材有限责任公司（以下简称"太行华信"）目前所持公司的 30% 国有股份按照金隅集团及金隅股份持有太行华信的股权比例（66.67% 及 33.33%）分别变更至金隅集团和金隅股份名下（金隅集团已通过北京市国资委向国务院国资委提出申请，截至本预案公告日，上述申请尚待获得国务院国资委的批准）。变更完成后，金隅集团、金隅股份分别直接持有太行华信公司 20.001%、9.999% 的股份。自此，太行水泥的股价就像是一匹脱缰的野马，一路向北。

　　股票不会无缘无故地上涨，大部分都是受到各种利好消息的刺激而备受主力资金的青睐，顺势推动而引发的暴涨行情。主力因其资金雄厚而且拥有各类非常专业的精英人才，总是能够先人一步获得消息并提前布局。股票大涨之前常常会因主力提前布局而在技术形态上出现一些蛛丝马迹。大军过后必留痕，作为后知后觉的中小投资者需要花费大量的时间和精力去发现主力布局的痕迹并进行跟踪，从而顺藤摸瓜与庄共舞。

第三章

涨停板的天时、地利、人和、涨停基因

一、涨停板的天时

涨停板的天时是指大盘环境，市场近期走势偏强，至少不能大跌，这是买股建仓最大的前提。无论是公募基金操作还是游资、私募基金操作，它们的操盘都有着严格的战略战术，对资金的安全使用有着极其严格的要求，在大盘环境极差的情况下，它们都不会逆势操作。作为中小投资者更应该回避在大势恶劣的情况下去操作，毕竟覆巢之下，安有完卵。一旦大盘环境出现恶化，涨停板的数量就会急剧减少，打板的概率就会极低。像2007年底的国际金融危机和2015年6月的股灾，股市开盘便千股跌停，在这种恶劣的大盘环境下，我们最好的应对措施就是空仓观望，不要去接"下跌途中的飞刀"。

二、涨停板的地利

涨停板的地利（板块效应）就是看个股所在板块是否有题材、近期是否有热点、个股近期走势是否较为犀利、背后是否有明显的资金推动。题材热点及明显的资金入注是判断个股是否有爆发力的一个重要条件。

三、涨停板的人和

涨停板的人和（技术形态完美、买卖人气大增）是指个股是否已有完美的技术形态和市场人气。一只个股若没有完成技术形态的构建，则很难吸引市场投资者的注意和跟随，没有人气跟随的个股不可能大涨。基于大势和热点选出来的优质爆发股，天时和地利都具备的同时，还必须具备完美的技术形态以及人气支撑。"花花轿子众人抬"，一只个股要想大幅上涨，必须有大量市场跟随。

四、涨 停 基 因

股性如人性，能够连续拉出涨停板的股票，其大涨之前一定出现过涨停板，这就是股票的涨停基因。"历史重现"是炒股技术的出发点，股票的价格是由人来操纵的，所以股票的走势特征通常带有人的性格特征，换句话说，股票是有生命的，也是有性格的。"历史重演"这一原则在炒股上有很多应用，最重要的应用就是选股。因为一只股票会被主力长期地反复操作，所以只有研究股票的历史走势特点，才能发现操盘主力的特点，这对于寻找强庄具有重要意义。股票的历史走势记载了该只股票的基质，历史上经常拉出涨停板的股票，既说明主力操作手法娴熟、控盘技术过硬，又说明主力资金实力雄厚。一只在建仓期就经常出现涨停板的股票，已经具备了良好的涨停基因，当它在建仓、洗盘完毕准备拉升时就会有大概率连续的涨停，这种具有涨停板基因的股票才是我们应该重点关注及跟踪的股票。一只经年累月不见一个涨停板的股票，其涨停的概率必然很小，这种不具备涨停基因的股票不是狙击涨停板的首选股票。

经典案例一　图 3-1 高斯贝尔（股票代码 002848）

高斯贝尔在建仓期间隔三岔五就拉出一个涨停板，而且大部分都是在同一个价位，说明主力在这个位置控盘良好，已经激活该股股性，场外资金踊跃跟随。只有主力资金和市场资金同时看好这只股票，它才有大涨的可能。看到前面经常出现涨停板，后面的四连板也就在意料之中了。

图3-1 高斯贝尔（股票代码002848）

📊 **经典案例二 图 3-2 华自科技（股票代码 300490）**

华自科技 2018 年 3 月 13 日、14 日连续两日拉出两个一字涨停板，具备了涨停板基因，同时显示出主力操盘手法果断、犀利、性格强势，经过一段时间的反复抢筹、洗盘并激活股性，受到场外资金的青睐和跟随。只有资金雄厚的主力操作引导且场外资金看好的股票，其上涨的概率才会增大。庄在散先，该股前期连续拉两个一字涨停板，市场参与程度也相对较高，其后面再次用连续涨停板的方式拉升股价也就成为必然。

图3-2 华自科技（股票代码300490）

📊 **经典案例三 图3-3 拓日新能（股票代码002218）**

　　具有涨停板基因的股票是我们重点关注的。拓日新能自从2018年6月20日出现第一个涨停板以来，主力连续拉升三个涨停板暴力抢筹后，又分别在7月9日、8月27日、12月5日同价位区域多次出现涨停板，说明该股股性活跃，具备涨停基因，其后期进入主升浪时大概率也会出现连续涨停板。

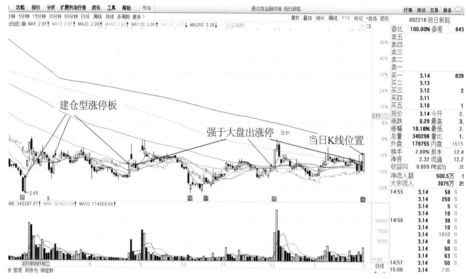

图3-3　拓日新能（股票代码002218）

📊 **经典案例四 图3-4 科力尔（股票代码002892）**

　　科力尔从2018年8月21日出现第一个涨停板以来，又分别在9月4日、9月26日和12月13日在同一个位置出现了涨停板，说明该股股性活跃，有涨停板基因，在经历了几个涨停板的暴力吸筹之后，随后用一个涨停板炸板突破年线的重要压力位，随后暴力拉升。

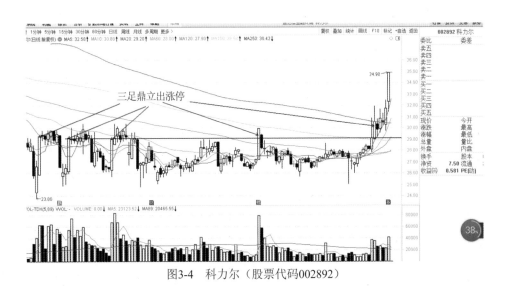

图3-4　科力尔（股票代码002892）

本章小结：在同时具备天时、地利、人和的条件下选出具有涨停板基因的股票进行重点关注，只有跟随强势主力进场的股票才能让我们享受股价飙升的乐趣，同时实现资金快速增值的梦想。

第四章

涨停板的误区

股市中最具诱惑力的就是涨停板战法，投入时间最短，获利最大，资金能够迅速翻番。于是很多中小投资者在还没有完全领会打板战法的精髓便急匆匆上阵，最终的结果当然都是以失败告终。股市精英都知道，考虑是否买入涨停板之前，首先，要搞清楚这个涨停板的位置和性质，即看它究竟是建仓型涨停板还是出货型涨停板，是对倒型涨停板还是拉升型涨停板，等等。其次，要搞清楚该股票涨停的原因究竟是因为政策利好还是行业利好，是板块的整体启动还是纯粹的个股资金推动。最后，还要看该股的股性是否优良。买入哪类股票、哪只个股，心中要有个准则，否则打板买入就是买入了不确定性和风险。目前股市中很多中小投资者对涨停板战法主要存在着以下三种误区。

第一种误区：不看股性

人有人性，股有股性，因为股票的股价是人为操作的。涨停板毫无疑问是由主力引导拉升出来的。有些股票是由果敢正直、财大气粗、进退有度的主力运作的，跟随这样的主力做涨停板，会让人身心愉悦；而有些股票是由内心阴暗、阴险狡诈的主力运作的，这样的主力作出的股票也是忽明忽暗、忽上忽上、闪烁不定，跟随这样的主力做涨停板，一不小心就会被深度套牢，或如坐过山车一样的惊心动魄，让人身心疲惫。远离股性阴险、狡诈的恶庄就等于远离了风险。

📊 **经典案例一　图 4-1 通达股份（股票代码 002560）**

通达股份自 2018 年 7 月 24 日开始间歇性拉出的几个涨停板，很是让人兴奋，但是每个涨停板后面都紧跟着一根高开低走或平开低走的大阴线，总是让在涨停板位置杀入的中小投资者铩羽而归。从这点可以看出该股操盘手的性格比较阴险狡诈，操作的股票也比较多变。跟着这样的主力做股票，会心惊胆战，把握不好就会吃亏，远离这类涨停板就等于远离了风险。

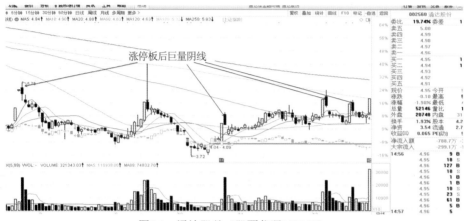

图4-1　通达股份（股票代码002560）

📊 经典案例二　图4-2 蓝英装备（股票代码300293）

　　蓝英装备在这段时间内出现的几个涨停板的位置都比较低，可以确定为建仓型涨停板，但是它每拉出一个涨停板，后面就紧跟着打出一根高开低走的倒灌大阴线，将喜欢在涨停板买入的中小投资者全部套牢，这是性格阴险狡诈的恶庄所为。只有远离这类恶庄所操作的股票，才能避免资金缩水。所以在做涨停板之前一定要好好研究主力的操盘手法，避免"一失足成千古恨"。

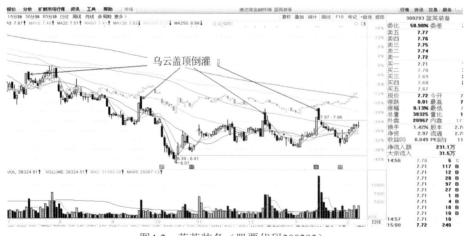

图4-2　蓝英装备（股票代码300293）

第二种误区：不看位置

位置决定性质，不同位置的涨停板具有不同的性质，其后的走势也不尽相同。参与中低位的建仓型涨停板，要过很长一段时间才能获得收益；参与出货型涨停板，则会站在高高的山冈上，最后的结果不是损失时间成本慢慢等待就是损失资金成本割肉出局。参与锁仓或拉升性质的涨停板才是中小投资者的首选，即安全高效的涨停板。许多初学打涨停板的中小投资者还没弄明白股票的位置决定性质，以为打板就是单纯地买涨停板，看到有快要涨停的个股，不管是建仓型涨停板还是出货型涨停板，就赶紧加自选盯着，看到要涨停了就不管不顾赶紧杀入。如果通通按这一种追板模式操作，结果当然是不尽人意、事与愿违。

经典案例一　图4-3 深深宝A（股票代码000019）

深深宝A在主力连续拉出4个涨停板后，获利已经很丰厚，有了高位派发的强烈意愿，所以它最后的一个T字板就是出货型涨停板。从技术形态上它已经是高位螺旋桨，有了出货的迹象，如果在这一天打板进去，就难逃高位站岗或割肉的命运。

经典案例二　图4-4 深华发A（股票代码000020）

2018年5月11日，主力经过昨天的反包板以后再次封死涨停板，这个涨停板的位置就是一个非常危险的位置，这是一个高位出货板。因为前期的顶部及带量的向下跳空缺口皆是重要压力位，股价运行到前期高位时必然会遇到大量涌出的套牢盘，有可能形成双头的经典出货形态，所以做股票一定要像过马路那样，左顾右盼。左顾就是看左边有没有明显的顶部或下跳缺口形成的重要压力位；右盼就是看股价还有没有上升空间，上升空间大不大。研判股价有没有空间和阻力，股市七种武器——成交量、价格、时间、空间、趋势、形态、筹码一个都不能少。前期顶部压力下，没有上升空间的涨停板要回避，以避开不必要的套牢风险。

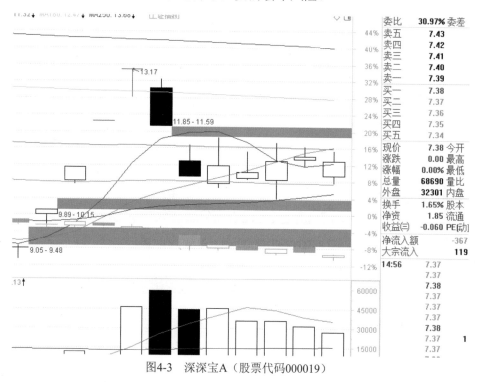

图4-3　深深宝A（股票代码000019）

图4-4　深华发A（股票代码000020）

第三种误区：没有严格的纪律

　　打涨停板一定要严格遵守止盈、止损的纪律，否则就不能稳定盈利。打涨停板对于止盈、止损的要求非常高，一般都是今日进，次日不赚钱或者低开大于 4% 直接就割肉卖掉，而大部分中小投资者却因为不能严格遵守纪律而经常"坐电梯"或短期变长期。要么股价达到预期而不能及时止盈出局，结果因为太贪婪等股价下跌了反而亏损出局；要么就是第二天没有按预期上涨而不能及时止损，结果因为不舍得割肉而一直持有，套了一天又一天，短线变成了中线，中线变成了长线，长线最后变成了奉献。俗话说，没有规矩不成方圆，打涨停板就像打仗一样，必须遵守严格的纪律，否则"坐电梯"或短期变中期、中期变无期就会成为常有的事，这也是打板失败者的常态。

　　本章小结：股市中能打到涨停板，尤其是打到连续的涨停板是最激动人心的，也是最有成就感的，但是因为不识股性、不知道涨停板的性质、没有严格的止盈和止损纪律等陋习，避不开以上三种误区，是很难在股市赚到钱的。

第五章

用好六线，轻松赚钱

工欲善其事，必先利其器，要想在股市中轻松赚钱，就必须学会用好六条均线，这六条均线就是中小投资者股市掘金的必备工具，而且是非常高效的工具。所谓的六条均线就是六条移动平均线（英文代码 MA），移动平均线是市场不同时期的平均成本。看不懂均线，就找不到支撑位在哪儿，不知道阻力位是多少，应该何时进场，又该什么时候"撤退"，所以，掌握均线技巧，是中小投资者必备的技能之一。看不懂均线，事倍功半；看懂均线，事半功倍。

股市掘金六均线是指 5 日、10 日、20 日、60 日、120 日、250 日均线。对于移动平均线的应用，市场上有各种各样的设置方法，这是因人而异的，存在的即是合理的，但是大多数投资者还是使用软件自带的均线设置方法。本书也是使用软件自带的设置方法进行操作和讲解。使用六条均线的中心思想就是：均线拐头向上，股价站稳均线之上时买入；股价跌破均线卖出；均线向下和横向整理时空仓观望。六条均线都很重要，它们各司其职，一条都不能少。

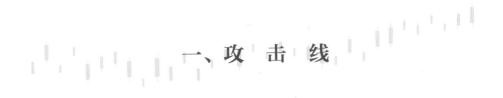

一、攻　击　线

攻击线特指 5 日均线，其主要作用是推动价格在短期内形成攻击态势，不断引导价格上涨或下跌。

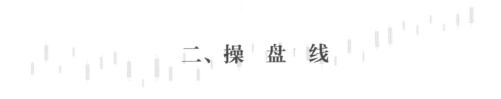

二、操　盘　线

操盘线特指 10 日均线，也有行情线之称，其主要作用是推动价格在一轮中级波段行情中持续上涨或下跌。如果操盘线上涨角度陡峭有力，则说明价格中期上涨力度强；反之，则弱。

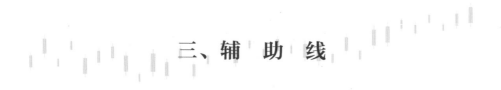

三、辅　助　线

辅助线特指 20 日均线，其主要作用是协助操盘线，推动并修正价格运行力度与趋势角度，稳定价格趋势运行方向，同时，也起到修正生命线反应迟缓的作用。

四、生　命　线

生命线特指 60 日均线，其主要作用是指明价格的中期运行趋势。在一个中期波段性上涨趋势中，生命线有极强的支撑和阻力作用。如果生命线上涨角度陡峭有力，则说明价格中期上涨趋势强烈，主力洗盘或调整至此位置可坚决狙击；反之，则趋势较弱，支撑力也将疲软。同样，在价格进入下跌趋势时，生命线同样可压制价格的反弹行为，促使价格持续走弱。生命线是一轮大波段上涨或下跌行情的生命基础。在临盘实战中，当价格突破生命线，生命线呈拐头向上攻击状态时，则意味着中线大波段行情已经启动，此时应中线积极做多。生命线在一轮大波段行情的阶段性调整过程中，不会轻易被击穿。然而，一旦价格击穿生命线，生命线呈拐头向下状态时，则意味着更大级别的调整或下跌行情已经展开，此时应清仓观望。

为何把 60 日移动平均线作为生命线，而不是其他的 20 日均线或者 30 日均线？这要从证监会有关规定说起。上市公司必须披露定期的报告。定期报告包括年度报告、中期报告、第一季报、第三季报。年度报告由上市公司在每个会计年度结束之日起 4 个月内编制完成（1—4 月）；中期报告由上市公司在半年度结束后两个月内完成（7月、8月）；季报由上市公司在会计年度前3个月、9个月结束后的30日内编制完成（第一季报在4月，第三季报在10月）。从此可以看出，假如我们在3月29日主力机构买入股票，4月的任何一天公布季报，主力行踪就会暴露无遗，主力的行踪一旦被发现，就会为以后的拉升埋下隐患，因为会有大量的跟风盘。假如4月1日以后主力机构买入，季报的公布时间在3个月以后，3个月的时间很多主力完全可以完成吸筹拉升的动作，即便有人发现，股票成本已经高出主力建仓成本，如果跟进，风险系数就会增加，所以这3个月60个交易日就成为主力操盘的命脉，60日均线也就当仁不让地成为生命线。

五、趋 势 线

趋势线特指120日均线，其主要作用是指明价格的中期反转趋势，指导价格大波段级别运行于既定的趋势之中。当价格放量向上或向下突破120日趋势线时，则说明一轮大级别的反转行情已经启动，临盘应作出相应的操盘决策。价格突破120日趋势线时，一般情况下不会在较短时间内出现反方向运行，即便是主力作出诱多或诱空动作，至少也会在120日趋势线之上或之下运行10～25个交易日方可反转。

六、牛 熊 线

牛熊线特指250日均线。和120日趋势线一样，牛熊线的主要作用也是指明价格中长期的反转趋势，引导或指导价格大波段大级别运行于既定的趋势之中。250日均线相当于军队的司令，是最高指挥官，所以年线在最上面压着时，是不能买入这只股票的，因为你没有看见过司令一个人能打胜仗的，尤其是 250 日均线附近的股票更不要参与，试想当一个人的持股时间超过一年，还没有赚钱，会轻易交出筹码吗？庄家在这个位置势必进行多次的横盘震荡或者打压吸盘，迫使那些套牢盘和获利盘尽快交出筹码。年线附近就相当于主力的大本营或司令部，是敌我双方抢夺的重要位置，任何一方都不会轻言放弃。当价格放量向上或向下突破趋势线时，说明价格大趋势已经发生逆转，临盘应作出相应的操盘决策。价格突破趋势线时，一般情况下不会在较短时间内出现反方向运行，即使是主力作出诱多或诱空动作，至少也会在趋势线之上或之下运行 10 个交易日或数个交易周方可反转。

七、均线的设置

移动平均线是一种趋势追踪的工具，它主要用于识别趋势的终结或反转，或用于寻找趋势正在形成或延续的契机。有了这六条移动平均线，大小行情尽可进入眼中，短、中、长期行情一目了然。

移动平均线具有真实性和滞后性的特点。它非常真实地记录了股价运行的过程，但它不会领先于市场，只是忠实地追随市场，所以具有一定的滞后性。主力可以从某日的 K 线上做假但无法用均线做假，因为改变一条均线的走势去做假需要的成本太高，在风云变幻的股市中存在太多的不确定性，造假的成本太高，得不偿失。本书的核心就是利用六条均线的真实性和相对稳定性来设置并操作股价的。那么如何设置六条移动平均线呢？

移动平均线作为一种最有效、最简单的看盘指标和操作工具，其具体步骤如下。

打开交易页面，在其上方找到"工具"标签，如图 5-1 箭头所示。

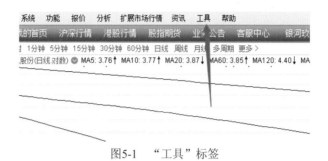

图5-1　"工具"标签

（1）单击"工具"标签，出现一个对话框，找到倒数第二行的"系统设置"标签，如图 5-2 所示。

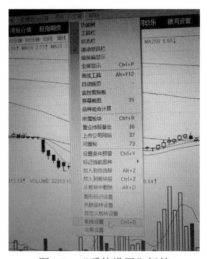

图5-2　"系统设置"标签

（2）单击"系统设置"标签，出现"设置 1、设置 2、设置 3、设置 4"等标签，如图 5-3 箭头所示。

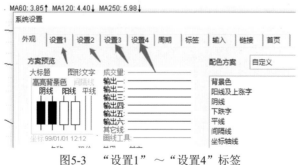

图5-3　"设置1"～"设置4"标签

（3）单击"设置3"标签，将"分析图中指标值显示涨跌箭头"一栏前面的方框里打勾，然后单击"确定"按钮，如图5-4所示。

图5-4　"设置3"的设置

（4）同样单击"设置4"，将"设置4"的对话框右侧"显示未回补跳空缺口，个数"的参数改成"4"；将"锁定分析图中的初始K线数"参数改成"120"；将"锁定定制版面中初始K线数"参数改成"120"，并分别在其前面的4个方框内进行勾选，然后单击"确定"按钮，如图5-5所示。

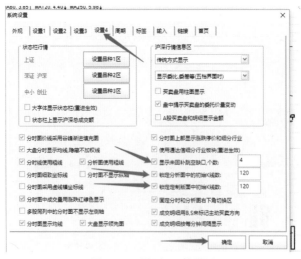

图5-5　"设置4"的设置

最后我们看到的均线交易页面就是：每条均线后面的价格后面皆有向上或向下的箭头。箭头方向向上表明这条均线处于上升趋势，箭头方向向下表明这条均线处于下降趋势，如图5-6所示。

图5-6 均线交易页面

完成了以上几个步骤，一套完整的可以让你轻松看盘的交易系统便跃然纸上。本书的涨停战法是先给均线打分然后对伏击涨停的可行性进行研判。根据均线的稳定性以及均线对股价的支撑和压力作用级别不同，分别给方向向上的均线打分（均线方向向下则为0分），即

5日移动平均线方向向上——10分

10日移动平均线方向向上——10分

20日移动平均线方向向上——10分

60日移动平均线方向向上——20分

120日移动平均线方向向上——20分

250（240）日移动平均线方向向上——30分

这样六根方向向上的均线得分加起来为满分100分，以60分及格来对

股票的可操作性进行研判：超过 60 分的股票就是及格的股票，我们只对及格的股票考虑择机买入。那么如何计算这只股票是 60 分还是 100 分呢？从图 5-6 我们看到交易页面上有 5 日均线、10 日均线、20 日均线、60 日均线、120 日均线和 250 日均线，其价格后面分别有一个向上或者向下的箭头，有的后面是没有箭头的。箭头方向向上为有分的，没有箭头和箭头方向向下的为 0 分。图 5-6 中只有 5 日均线方向向上，得分为 10 分，其他均线的方向是向下的，得分为 0 分，故图 5-6 股价得分总计为 10 分。大多数的交易软件一般会用经典的红黑页面，那么均线后面的箭头是以上升为红、下降为绿色显示的，红色为有分，绿色为 0 分。

图 5-7 所示为三维通信（股票代码002115）2019 年 2 月 11 日的股价走势图，六条均线只有 20 日均线向下，其余 5 条均线都是向上的，那么该股综合得分就是 5 日均线和 10 日均线各 10 分，60 日均线和 120 日均线各 20 分，250 日均线 30 分，相加得分为 90 分，未来股价上涨的概率就大于下跌的概率。

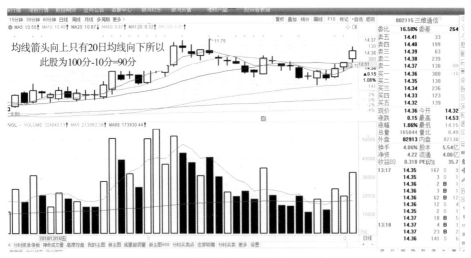

图5-7　三维通信（股票代码002115）

本章小结：移动均线指标是反映价格运行趋势的重要指标，其运行趋势一旦形成，将持续一段时间；趋势运行所形成的高点或低点又分别具有阻挡或支撑作用，因此均线指标所在的点位往往是十分重要的支撑或阻力位，这就是我们提供买进或卖出的重要参考依据，均线系统的价值也正在于此。

第六章

与庄共舞
察涨停

一、认识独庄时代与混庄时代

独庄时代最明显的特征就是由单个主体（主要是机构）有计划地全程运作一只个股。自 20 世纪 90 年代初，中国证券市场成立之日起，"庄家"这个词就无时无刻伴随着中小投资者。股票市场正是因为有了庄家的存在才变得跌宕起伏、波澜壮阔；也正是因为有了庄家的存在，才让中小投资者短期获取暴利成为可能。早年在证券市场中声名显赫的德隆系、明天系、清华系等庄家创造了中国证券史上的暴利神话，特别是新疆德隆，从 1996 年底到 2000 年，在三年多的时间里，由其控制的三家上市公司"新疆屯河""合金股份""湘火炬"，其股价分别上涨了 1100%、1500% 和 1100%，缔造了中国证券史上的传奇，成为独庄时代的代表作。

混庄时代就是由多个主体（机构）联合坐庄去运作一只个股。进入 21 世纪，特别是 2005 年后，由于相关证券法律法规的不断健全和监管层对恶意炒作的不断打击，由单个主体运作一只个股就变得相对困难起来，于是市场就逐渐进入由单个主体运作一只个股转变为由多个主体（机构）联合坐庄去运作一只个股的混庄时代，庄家的操作手法也更加隐秘，更加让人难以捉摸。

二、了解主力吸筹的整个详细运作过程，揭开庄家或主力吸筹的面纱

任何一个庄家进入市场都是以营利为目的的，都要经过先从低位买入廉价筹码，再通过洗盘、横盘、打压等一系列的动作清洗浮筹，然后再把

股价拉升抬高到一定的高位，并在高位进行派发等几个阶段。或者庄家从高位一路打压，让中小投资者感觉到恐慌，迅速交出手里的筹码，以达到自己收集筹码的目的。很多中小投资者都想第一时间掌握主力的行踪，以便达到与庄共舞的目的。但主力吸筹的手法是多种多样的，中小投资者要想成功跟随主力"吃肉"，就要详细了解主力吸筹的整个运作过程。

1. 准备

庄家运作一只股票之前，往往会做大量的准备工作。首先组织一个分工明确的团队，包括专门做市场调研的、找资金合作的、进行操盘的、进行风险控制的等，然后找好合作媒体，根据市场整体情况及国内外经济大环境或者相关政策作出客观合理的投资研究，为建仓作风险与收益评估，同时与相关管理层及上市公司、利益相关者沟通关系，制订操盘计划，等等。

2. 建仓

庄家或主力在准备工作做好后，正式介入某只股票，开始悄悄地建仓。它们开始用各种方法买入廉价的筹码，这个过程又称吸筹。在股市中，庄家介入某只股票时，经常是具有隐蔽性的，这也就是很多散户在不知不觉中失去自己手中筹码的原因。而庄家或主力能否在低价位收集到足够多的筹码，直接决定着整个坐庄计划的顺利进行。在此阶段，保密工作就显得十分重要。庄家吸筹是十分诡秘的举动，即使在机构内部，最多也只能有几个人知情，其保密程度很高，历时相当长。直到建仓和洗盘完毕，进入拉升阶段，市场才有所风闻，这时媒体上的股评人士开始根据盘面推荐某某股是黑马，等等。但打开K线图看，股价已经扶摇直上，此时若追进去，虽然仍有小利可图，甚至有一两元的差价，但是稍微贪婪，即被套住。于是，越来越多的人把研究的重点放在尽早发现主力的吸筹行为上，这确实很有必要。下面我们将重点剖析庄家的吸筹策略和手法。

要想让中小投资者在高位套牢，而在低位将筹码顺利地交出，也并非太容易的事情，庄家需要使出浑身解数才能达到这一目的。庄家吸筹经常用的一种手段就是突然拉高或者打压，造成股价现阶段的放量，剧烈震荡进行吸筹，然后就是快速地打压洗盘、V形反转、拉升。

通常，一只股票从顶部下跌了几大波之后，便具备了主力建仓的条件。不论是老主力出货后的第二次建仓，还是新主力建仓，都往往会提高一个台阶，在次底部就开始收集。通常庄家会用建仓型涨停板来试探上方的抛压盘，看看自己是否有能力接住这些套牢盘。然后，采用下一个台阶的打压方式，使跟风者被套。此时主力自己也被套，当然是主动被套。主力在吸筹期间会作出各种形态，但是无论怎么折腾，人性的贪婪是永恒的，就是都想使利益最大化和亏损最小化。庄家或主力建仓的具体形态有以下几个特征。

（1）在股价走势的相对低位，主力介入时会突然放量拉高股价。

（2）在拉高的大阳线后，突然出现高开低走的大阴线，使追涨资金套于高位。

（3）在剧烈震荡中股价再次接近第一次震荡高点，然后又快速下跌甚至创出新低，使场内持股者持股信心大受打击，用"骗""吓""磨"等多种洗盘方式让中小投资者交出筹码。

（4）当股价第三次接近前期高点时，所有的场内前期被套筹码几乎一致选择出局，从而达到了主力暴力收集筹码的目的。

（5）随后主力进行拉升前的最后打压、洗盘，为拉升创造条件。

（6）几乎在所有的控盘庄股中，都表现出了拉升初期筹码高度集中与稳定这一共性。

温馨提示： 在应对庄家策略的时候，一定要学会换位思考，想象如果自己是庄家，为了达到吸筹、拉升、盘整、变现的目标，接下来会做出怎样的动作，这样才能更接近庄家的想法，才能想到比较好的应对策略，最终达到与庄家共赢的目的。中小投资者唯一的优势就是船小好调头，坚持的操盘原则就是不陪主力建仓、不陪主力回调、不陪主力出货，因为时间是股票最大的成本。

当该股不断创出新低时，必须配合有利空传闻和恐慌气氛，使抢反弹的人忍不住全线割肉，上方套牢的人也会"跳楼"换筹码。尤其是当股市有利空，大盘出现深幅下挫时，主力更会采取大手笔对倒砸盘的手法，把股价打到出奇的低位。然后，再慢慢地拉高一个台阶进行震荡收集。底部历时越长，主力收集的筹码就越多，它的平均持股成本就越低。庄家砸盘收集以后，只需反弹很少的点位就可解套，甚至获利。

📊 经典案例一　图6-1春兴精工（股票代码002547）

图6-1所示为春兴精工的主力建仓运作过程。

2018年6月19日，随着一个闪崩跌停板大阴线，拉开了春兴精工下跌的序幕。但是我们发现，6月19日的这个跌停板并没有放出多大的成交量，说明主力还是保留了大部分筹码。随后连续的一字跌停板，筹码更是卖不出去，直到2018年6月27日收出的倒锤头K线表明股价开始止跌企稳。当天，虽然股价没有涨多少，但是它的成交量却超过了前面所有的成交量。说明主力已经将市场上可以流通的筹码完全置换过来，收入囊中。

股票就是筹码和现金的来回互换博弈。手里有粮，心里不慌，只要控制住手里的筹码，可以说就控制了未来的股价。随后三天，主力用一个建仓型涨停板再次将割肉的筹码揽入怀中。从两天的成交量放大情况来看没有让便宜的筹码流入他人之手。随后主力用连续窄幅震荡的十字星线开始了它的"磨"字诀经典洗盘手法。2018年8月21日，主力故伎重演，再用一个成交量依然是缩至地量的跌停板让股价再下一个台阶。2018年8月27日与6月27日的倒锤头K线如出一辙，但是随后股价再也没有创新低。

2018年10月8号和10月11日，主力两次故伎重施，用同样的跌停板洗盘方式再次给不明真相的中小投资者造成了恐慌。因为没有上下影线已经证明此时主力的控盘非常良好，2018年11月2日，10日均线上穿20日均线之后，股价开始了它的初升浪，目的是快速脱离主力成本区并逐渐抬高未来入市投资者的持股成本。主力的吸筹动作就此圆满完成。特别要注意的是，主力在打压吸货的过程中成交量呈萎缩态势，这表明只有中小投资者交出了手中的筹码，其原因主要有两个：第一，主力控制的筹码已经足够多，市场上可流通的筹码少了，所以成交量极度萎缩；第二，因为被套者已经深套，已经"死猪不怕开水烫"了，怎么跌也不卖了，所以造成了成交量萎缩，一波犀利的拉升行情随即展开。

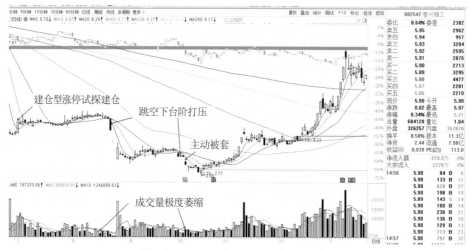

图6-1　春兴精工（股票代码002547）

经典案例二　图6-2 大连电瓷（股票代码002606）

图6-2所示为大连电瓷的主力建仓运作过程。

2017年2月28日上午10点37分，大连电瓷开始了第一次闪崩式的跌停，其中还对敲了一次，如果那次没有出局就再也没有机会了，没错，那是唯一的一个也是最后一个让你逃离的机会，如果错过，那么悲惨的大门会将你死死地锁在里面，直到截稿之日。

但是随后我们又看到了主力建仓、重拾信心的身影。2017年12月12日，就在"双十二"这一天股价创出了新低，但成交量创出了天量并且超过了2016年12月6日的最高量。这说明主力用尾盘拉升，将大部分的流通筹码纳入囊中。因为此股是全流通，所以只要主力不卖手里的股票，中小投资者是无法买到股票的。主力已经完全掌握了股价涨跌的主动权，2018年2月27日和3月13日、6月25日、7月4日，主力分别用建仓型涨停板收集市场上的流通筹码。随后经过横盘整理，2018年9月4日和9月11日，分别拉出了一个平量涨停板，并且股价成功地突破了20日均线。随后股价再次用打压洗盘的方式最后一次收集市场上的流通筹码。2018年11月12日，主力用两个一字涨停板快速拉升，迅速脱离成本区，同时主力用一根跳空高开低走的大阴线，完成了空中洗盘、加油的动作。这就是主力在大连电瓷整个的吸筹过程。

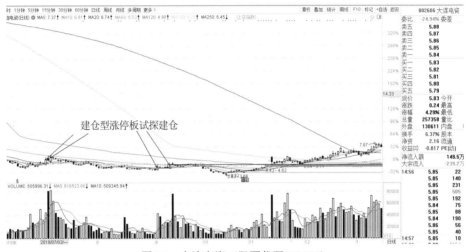

图6-2　大连电瓷（股票代码002606）

📊 **经典案例三　图6-3 摩恩电气（股票代码002451）**

摩恩电气主力吸筹手法和春兴精工类似，先是用涨停板吸引眼球，然后大阴洗盘，缩量打压，当收集到足够多的筹码时，便开始拉升。

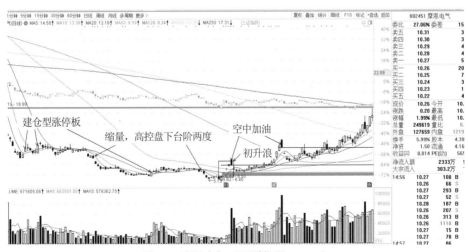

图6-3　摩恩电气（股票代码002451）

3. 试盘

庄家在初步吸筹完毕后，在拉升前还要对场内筹码的稳定性进行测试。庄家在探明其他散落筹码的相关情况后，再根据市场的具体情况对操盘计划作出相应的修正。

4. 整理

庄家建仓完毕后会进行试盘，如果感觉到场内浮动筹码太多、小幅拉升抛压太过沉重、大势不配合等不具备拉升条件时，庄家就会进行较长时间的整理，以清除所有不利于后期拉升的各种因素或理顺技术形态，为后期的拉升做好准备。

5. 初升

庄家在整理完成后即完成了拉升前的所有工作，于是开始试盘整理后的初次拉升，这是庄家开始进行的第一轮拉升，即常见的拉升一浪。

6. 洗盘

庄家在初步拉升股价后，早期在底部进场的中小投资者获得了一定的利润，有了卖出的欲望，开始获利回吐，随着股价的拉升、获利盘的获利，回吐抛压逐渐加大，于是庄家在正式拉升前就要进行打压洗盘，以清洗出不坚定的中小投资者，同时让场外投资者介入，以垫高投资者的持股成本，为下一步的拉升做好台阶支撑。

7. 拉升

庄家快速洗盘完毕后开始进入主升浪，股价开始进行疯狂的抬升，这是庄家拉抬股价的核心阶段，庄家的获利空间主要源于该阶段的快速拉升。正常情况下，主要的拉升会有两波，即常见的波浪理论的三浪和五浪，中间会夹着洗盘的第四浪。但因不同时期的操盘环境不同和庄家操盘计划的不同，有的只拉升一波，而有的则会拉升两波甚至更多波。

8. 出货

庄家将股价拉升至目标价位后，开始用尽各种伎俩、通过各种方式派发筹码，将筹码转变为现金流，完成该只股票的操作任务。

9. 反弹

由于第一次出货不完全，庄家还会利用中小投资者的抄底心理，在下跌一波后进行反弹，在相对高位派发剩余的筹码。

10. 砸盘

庄家经过前面两次出货后，筹码基本上派发完毕，对所余少许筹码会进行最后的疯狂抛售，将利润完全落袋。循环坐庄的庄家会借此机会将股价大幅砸低，为后面的再次坐庄提前做好准备。在庄家完全撤离该股后，股价也会因庄家的完全撤离而快速下滑。

三、如何判断主力吸筹

由于主力的资金庞大，它们操作资金进场时，或多或少地都会露出蛛丝马迹，我们只要掌握这些主力吸筹的痕迹，进行跟踪并在它启动时跟进，就能与庄共舞。

（1）主力吸筹时期往往是大单压盘，小单吃进，很少对倒。但是价格的波动区间往往比较大。一般当天呈现倒"N"字形走势，即开盘缓慢下跌，盘中缓升，尾盘快速下跌。

（2）判断主力是否吸筹最有效的方法就是用K线的阴阳多少来进行判断。如果上涨的阳K线多，下跌的阴K线少，并且涨时放量，跌时缩量就是主力在悄悄吸筹建仓。主力为了在一天的交易中获得尽可能多的低位筹码，通常采取控制开盘价的方式，使该股低开，但是由于主力资金量庞大，稍微买进就会推动股价上涨，即当天主力的主动性买盘必然会推高股价，这样收盘时K线图上常常留下红色的阳线，体现在整个吸货阶段就是阳线多、阴线少。

（3）主力吸筹的另外一种现象是逆大盘走势大幅震荡，如某天大盘上涨，此股票滞涨；大盘下跌，此股票小涨；大盘平盘，此股票慢涨或快跌等。一般逆大盘走势运行的股票，往往是庄家的打压吸筹。

（4）窄幅横盘。一只个股底部区域表现出来的窄幅横盘的箱体，往往是主力吸货留下的痕迹。通常个股的跌势只有在主力资金进场的情况下才能真正得到控制，如果下跌趋势转为横盘整理，而且横盘的区间又控制在一个很窄的范围（幅度15%以内），说明股价已被主力有效地控制在主力计划的建仓价格区间，基本上可以确认为是主力资金已经进场进行吸纳。

（5）在股价的底部区域反复出现十字星、T字线等K线，是十分明显的主力吸筹痕迹，如图6-1春兴精工（股票代码002547）所示。

需要强调的是，K线图上出现的十字星往往意味着事情不寻常。如果高价位出现巨量的十字星，大多是出货信号，而低价位反复出现小十字星则往往是主力吸货的痕迹，这些十字星往往伴随着温和的成交量、低迷的市场气氛、隐约的利空传闻和投资者失望的心情。这些小十字星夹杂着小阴小阳不断出现，逐渐形成一个窄窄的横盘区域，持续的时间达几个星期或更长，这便是十分明显的主力吸货痕迹。

本章小结：庄家运作个股的整个过程会因大盘行情的不同、庄家操盘计划的不同、操作手法的不同等原因，有的阶段在操作过程中是没有的，同时与其对应的浪形也会有偏差，但整个过程是不变的。

第七章

明察秋毫
辨涨停

股市当中的涨停板有多种类型，大家看到的涨停板都是涨幅 10% 的光头大阳线，但是里面蕴含的信息完全不一样，投资者很容易眼花缭乱，经常错把李鬼当李逵，中了主力设好的圈套，损失就不可避免。只有熟知涨停板的类型并且看懂庄家拉升涨停板的意图才能更好地趋利避害。

第一节　涨停板按主力意图分类

涨停板按主力意图可以分为以下七类：建仓型涨停板、自救型涨停板、洗盘型涨停板、出货型涨停板、锁仓型涨停板、对倒型涨停板、拉升型涨停板七种。其中，可参与的涨停板主要是洗盘型涨停板、拉升型涨停板、对倒型涨停板、锁仓型涨停板，这四种涨停板一般是比较安全且能够快速盈利的。参与建仓型涨停板会浪费时间成本；参与出货型涨停板会在高位站岗，最后的结果不是割肉出局就是需要漫长的时间等待，也许要等几年才能回本；参与自救型涨停板，所面临的结局和参与出货型涨停板的结局同样凄惨，因为主力出货完毕后股价一般都会直线大跌，连反弹的机会都不会有。

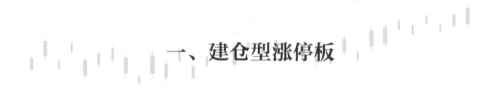

一、建仓型涨停板

建仓型涨停板又称抢筹式建仓型涨停板，是主力以快速拉升涨停板或者连续拉升涨停板的方式进行暴力抢筹的动作。这是主力介入一只股票的第一个实质性动作，是主力用时间换空间急于收集筹码的表现。为了不让更多的中小投资者跟随主力一起建仓争夺筹码，主力建仓一般都是悄悄进行的。但是主力一反常态地急于用涨停板建仓，必然是因为短期利好的刺激。

建仓型涨停板的股票主要有如下特点。

（1）股票没有征兆地突然拉出一个或几个涨停板，其目的是快速抢夺筹码并减少跟风盘。

（2）建仓型涨停板改变了股票的走势，使股票由下跌趋势变成了止跌起稳的状态。

（3）K线的位置多数都处在60日均线以下。

（4）股价封停迅速。分时图的形态通常为脉冲型，盘中迅速封死涨停，其目的就是让场外资金难以进场抢夺筹码，同时引起中小投资者的关注，以利于其拉升时的抬轿和派发时的接盘。

（5）建仓型涨停板，一般重复出现在股价的中低位置。

注：就庄家运作个股的整个过程来讲，吸筹阶段，中长线趋势还没有完全好转，甚至有一些个股的中长期趋势还在向下。同时，面对大盘的不确定性，不建议中小投资者进行长期的跟庄操作。因为当大盘行情向下时，一些庄家也往往因为无法承接大量的抛售盘而被迫套牢。所以在操作初期，要有短线的思维，而非中长线的思维，除非大盘行情向上、个股涨势不错，且能持续盈利。

📈 经典案例一　图7-1科泰电源（股票代码300153）

图7-1所示为科泰电源在一段时间内的股价走势K线图。科泰电源的股价自2016年6月20日创出新高31.88元以来，随后便一路下跌，直到2018年6月27日一个涨停板止住了下跌的趋势。因为股价下跌幅度较大，此时股价离最高价已经有了23元的差价，股价已经足够便宜，上涨空间也已经足够，投资、投机价值都已经凸显，主力自然不会放过这个机会，于是用建仓型涨停板开始抢夺筹码进行建仓。随后股价一直窄幅震荡，但是都没有跌破6月27日涨停板开盘价，说明这个涨停板就是主力的成本区域。2018年9月18日，主力再次用一个建仓型涨停板开始抢筹，并用两个接力涨停板尝试突破120日均线，随后开始打压建仓，迫使短期获利盘和长期套牢盘迅速出局，以缩短自己的时间成本，甚至不惜跌破自己的成本价迫使散户出局。

　　建仓型涨停板的位置一般都在低位，在60日均线以下。主力用抢筹式涨停板建仓后一般还得进行一段较长时间的震仓洗盘，因此为了节省时间成本，不建议参与建仓型涨停板。发现主力用涨停板建仓后，中小投资者只需关注、跟踪此类股票，耐心等待其洗盘完毕，在它拉升时进行狙击，达到"掐头去尾吃中段"的目的就可以了，没有必要浪费时间陪着主力建仓洗盘。

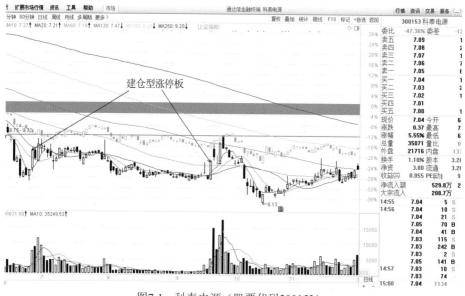

图7-1　科泰电源（股票代码300153）

　　市场上有两类股票最容易受到资金关注：一是本身是质地良好的企业，二是有突发利好或题材的企业。由于主力既有强大的信息收集和深度挖掘题材的能力，又有和上市公司联手制造热点的技巧，所以主力资金都会提前埋伏在将要成为热点的板块里面。

　　主力在系统环境较好的情况下，为了取得对股价走势的发言权，常常采用建仓型涨停板完成快速建仓任务，既达到抢筹的目的，又可以有效吸引市场的关注度。

　　由于光伏发电的可重复利用和取之不尽、用之不竭的特性，这个板块一直有资金追捧。当股价跌到一定程度时就会有主力暴力抢筹，拓日新能也不例外，作为中小板的一只低价股，低位低价一直也是主力的首选猎物。

📈 **经典案例二　图 7-2 拓日新能（股票代码 002218）**

图 7-2 所示为拓日新能在一段时间内股价走势 K 线图。拓日新能的股价经过一波长期大幅的下跌，该股初步显现出投资价值，一些主力资金开始蠢蠢欲动。2018 年 6 月 20 日，当昨天的跌停板让人们彻底绝望时，主力用一个建仓型涨停板完成了否极泰来暴涨形态的组合，同时也收集到了最便宜的筹码。随后用连续三个涨停板开始暴力抢筹的动作，完成这个动作以后，开始它的洗盘之旅，手里有粮心中不慌，偶尔再拉升一下吸引中小投资者的眼球，用横盘震荡磨去人们等待拉升的热情，然后让中小投资者极不情愿地交出自己的筹码，又去追逐下一个涨停板。2018 年 10 月 12 日和 19 日，主力用最低 2.46 元和 2.47 元 1 分之差与 2018 年 6 月 20 日的 2.45 元遥相呼应，形成了铁底，自此主力算是完成了它的洗盘之旅。

从拓日新能吸筹的全过程判断，股价拉升已经"万事俱备，只欠东风"，就等热点题材出现了。

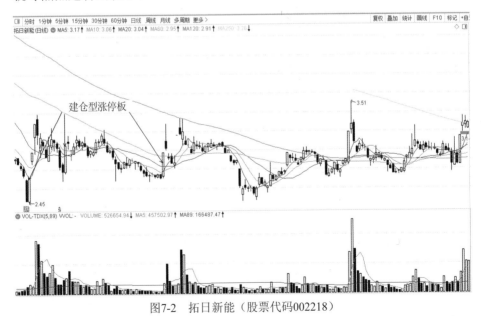

图7-2　拓日新能（股票代码002218）

📈 **经典案例三　图 7-3 恒康医疗（股票代码 002219）**

图 7-3 所示为恒康医疗在一段时间内的股价走势 K 线图。恒康医疗的

主力也是在 60 日均线以下，用连续建仓型涨停板的方式暴力抢筹，然后再经过长时间的横盘，磨掉中小投资者持股的信心，逼迫其交出手里的低价筹码，然后主力再全部吃进，尽收囊中。

图7-3　恒康医疗（股票代码002219）

二、自救型涨停板

（1）自救型涨停板一般出现在股价下跌过程中。主力将股价拉到目标价位后就开始派发手中的筹码以达到盈利的目的。由于主力资金庞大，不可能在短时间内将筹码派发完毕，为了尽可能多地获取较高的利润，想尽一切办法将股价维持在较高的位置运行，但是在派发的过程中，由于没有新资金的入注，股价重心势必逐渐下移。此时主力就会在相对的高位再次拉升股价，引诱不明真相喜欢抄底的中小投资者追进，从而在相对高位即次高点顺利派发手中尚未出尽的筹码。

（2）自救型涨停板一般只会出现一个，很少连续出现。由于自救性质的涨停板是为了诱骗散户进场，从而达到自己成功出货的目的，所以它的出现并不能改变股价下跌的轨迹，一般情况下，这种涨停板只会出现一个。

（3）自救型涨停板会连续向上突破几条短期均线，给人以二次突破拉升的假象。在均线呈空头排列的情况下，股价开始横盘或缓慢回升，给人以洗盘的假象。自救型涨停板的出现往往会使一根 K 线连续向上突破几条短期均线，造成二次拉升的假象，一些不明真相的中小投资者会在此处抄底介入，同时也给高位套牢的投资者以希望，他们为了摊低成本、降低亏损比率而再次买入股票。其实，这时的涨停板往往是庄家的一个圈套，庄家就是想借助股价涨停的机会引诱更多的人追涨，然后将手中最后的筹码顺利派发。

（4）自救型涨停板出现突然且成交量也会放大。从个股 K 线图上可以看出，这类股票的涨停板往往是当个股走势波澜不惊时突然出现的，不给投资者以任何准备，伴随着成交量的放大，让不明真相的中小投资者误以为主力资金再次进场，从而跟进。

（5）自救型涨停板多数是尾盘封停。由于主力此时拉涨停是以诱多出货为目的，开盘后往往会迅速拉升股价，然后缓慢出货致股价下跌，尾盘时再迅速将股价拉至涨停，以便第二天再次高开出货。

（6）自救型涨停板的第二日往往是高开低走的大阴线。由于主力此时是以诱多出货为目的，所以出现自救性涨停板的第二个交易日，多数是由主力操控股价跳空高开，然后盘中缓慢出货致使个股逐步走低而形成大阴线。

下面看一下这类股票的分时走势图和日 K 线图。

📊 **经典案例一　图 7-4 恒立实业（股票代码 000622）**

图 7-4 所示为恒立实业在 2018 年 12 月 26 日的分时走势图。从图中能够看出，股价在开盘阶段一直围绕开盘价上下波动，中间被突然拉起之后，又延续了波澜不惊的走势，到尾盘阶段再被大单拉起，直至封住涨停板。股价每次被拉起的瞬间，都伴随着成交量的放大，让中小投资者误以为这是主力在吃货。其实主力的真实意图就是用少量的筹码先进行投机性的拉升，然后在中小投资者进行跟进时趁机派发手中的筹码，换句话说股价在分时图中的瞬间拉升就是为了其后面的趁机出货，投资者应该十分小心，误入

的中小投资者应该在第二天开盘或股价迅速拉升时快速出局。

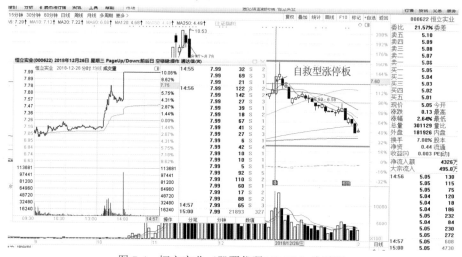

图 7-4　恒立实业（股票代码000622）分时图

图 7-5 所示为恒立实业（股票代码 000622）2018 年 12 月 24 日次日的 K 线走势图。自救型涨停板的次日，股价迅速拉升到高位，不给中小投资者任何机会，不明真相的中小投资者在高位追进后，主力趁机派发手中的筹码，致使股价一路下滑，一根长剑刺天的上影线将当日跟进的中小投资者牢牢地套住，随后股价便一路狂跌。

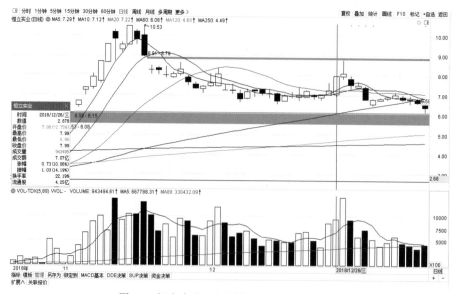

图7-5　恒立实业（股票代码000622）K线图

　　温馨提示：短期涨幅超过 50% 的股票，当再次回调出现涨停板时，如果没有题材和热点配合，那么一般不要轻易介入，因为股价已经透支，大多数为自救型涨停板。除非题材特别热门、量价配合完美、使均线顺位的股票，否则不要轻易介入。

📊 **经典案例二　图 7-6 天宝食品（股票代码 002220）**

　　图 7-6 所示为天宝食品在一段时间内的股价走势 K 线图。2018 年 8 月 3 日和 15 日分别出现了两个涨停板，但是当时的均线综合得分才 20 分，所以不足以扭转下跌趋势，股价仍处于空头排列中。伴随着 2018 年 8 月 15 日成交量放出天量，初步判断这两个涨停板为自救型涨停板，有可能是主力出逃导致的成交量放大。

　　为什么主力在低位也会出逃？第一个原因可能是主力的资金链断裂（主力资金可能来源于借贷，它们借来的钱到期必须还款的时候，不管股票是高位还是低位，迫不得已必须卖掉手里的股票还款）；第二个原因可能是主力分析判断错误，看走了眼，由于股票的人气、涨势、大盘环境不配合，股价涨势不符合它们的预期，它们也会斩仓换股。

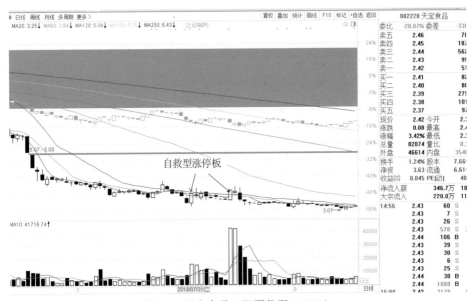

图7-6　天宝食品（股票代码002220）

三、洗盘型涨停板

洗盘型涨停板主要是指 V 字形涨停板，即股价涨停后又打开缺口再次快速封停，其打开的缺口形如英文字母"V"的涨停板。在涨停板走势中，主力会进行很多隐蔽性的操作，如 V 字形打开涨停板，股票术语叫开闸放水，就很好地达到了洗盘的目的。抑或是反复的开板操作，但是分时天线（白色即价线）始终不跌破人线（黄色均价线）也就是分时均价线。

涨停板 V 字形打开洗盘的主要表现有如下两点。

第一，全天股价长时间处于涨停状态。

第二，中间有形状如 V 字缺口走势打开涨停板，同时伴随着成交量的放大。V 字形缺口下跌幅度较小，这是防止资金在低位进场时和其他主力抢筹。利用涨停板中 V 字形缺口洗盘是主力在连续强势拉升阶段的洗盘手法，在这样的走势之后，股价往往还会拉升，所以当投资者发现这样的 V 字形洗盘现象出现时，就可以积极地在缺口处买入股票。

经典案例一　图 7-7 风范股份（股票代码 601700）

图 7-7 所示为风范股份在 2018 年 12 月 26 日的分时图。由图中可以看出股价在 10：17 出现了明显的 V 字形打开涨停洗盘走势特点，预示股价后市继续拉升的可能性极大。又如，图 7-8 所示的是风范股份（股票代码 601700）在 2018 年 11 月—2019 年 2 月的走势图。该股主力在前期进行了较长时间的建仓吸筹，均线长期黏合蓄势待发，当股价开始强势拉升时，股价放量收出涨停，且在当天主力还以 V 字形走势打开涨停进行洗盘操作，预示股价之后继续看涨。之后该股继续放量拉升，发出更加确切的买入信号，由此投资者应该在强势拉升阶段积极追涨买入。强势拉升之后，股价继续上攻，从 4 元左右上涨到了 13 元以上，涨幅接近 3 倍多。

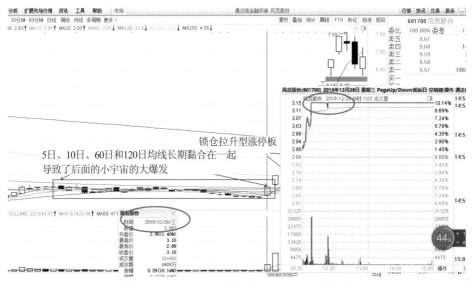

图7-7　风范股份（股票代码601700）分时图

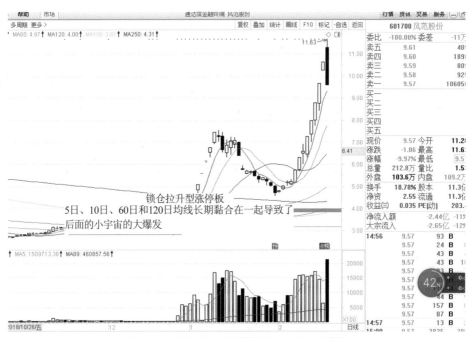

图7-8　风范股份（股票代码601700）K线图

📈 **经典案例二　图 7-9 市北高新（股票代码 600604）**

　　图 7-9 所示为市北高新在 2019 年 2 月 22 日的分时图。由图中可以看出股价在 9：55 出现了明显的 V 字形打开涨停洗盘走势特点，预示股价后市继续拉升的可能性极大。加上科创板推出的利好，其后面出现连续的一字涨停板。

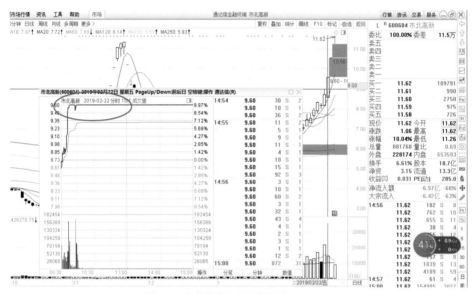

图7-9　市北高新（股票代码600604）

📈 **经典案例三　图 7-10 上峰水泥（股票代码 000672）**

　　图 7-10 所示为上峰水泥在 2016 年 12 月 12 日的分时图。由图中可以看出股价在 10：10 出现了明显的 V 字形打开涨停洗盘走势特点，预示着股价后市继续拉升的可能性极大。虽然主力已经连续拉升三个涨停板，但是股价刚刚超过前面 2016 年 7 月 19 日的高点 15% 左右。主力当然不会去当解放军，它们不会刚帮人解完套在自己还没有赚钱的时候就出货，只会在这个位置对不坚定的获利盘和套牢盘进行反复清洗，以减轻后期拉升的阻力。图中分时图，主力在盘中反复高位震荡，就是不跌破均价线，用反复打开涨停板给散户以出货的假象，引诱前期的获利盘和套牢盘出局，同时派发一些筹码兑现部分利润。

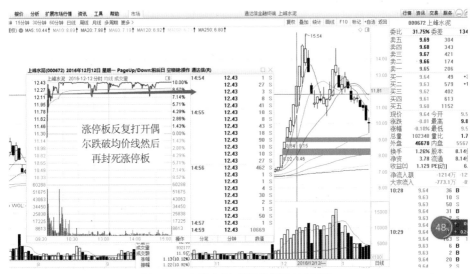

图7-10 上峰水泥（股票代码000672）

📊 经典案例四 图 7-11 风范股份（股票代码 601700）

图 7-11 所示为风范股份在 2019 年 2 月 15 日的分时图。由图中可以看出股价在 14：19 出现了涨停板开板后明显的走势特点，预示股价后市继续拉升的可能性极大。盘中高位反复震荡，天线（分时即价线）一直在人线（分时均价线）上方运行，以此证明主力根本不想出货，只是用反复打开涨停板给散户以出货的假象，让意志不坚定的散户快速交出手中筹码，以扫清未来拉升的障碍。随后股价便一路飙升，短期就走出了翻倍行情，可见识别洗盘型涨停板会让中小投资者事半功倍。

📊 经典案例五 图 7-12 特发信息（股票代码 000070）

图 7-12 所示为特发信息在 2019 年 1 月 4 日第三个涨停板的分时图。由图可以看到股价在上午 10：00 左右就开始触摸涨停板，随后开始回调，但是天线（分时即价线）一直在人线（分时均价线）上方运行，成交量也呈现缩量横盘之势，这就是明显的涨停板开板后的洗盘走势。当股价再次放量封死涨停板时，就能断定它是洗盘型涨停板，及时跟进就会吃到后面的 30% 以上的大涨行情。

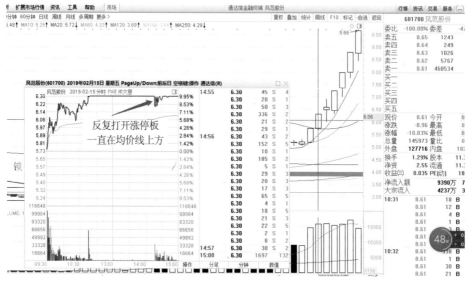

图7-11　风范股份（股票代码601700）

图7-12　特发信息（股票代码000070）

温馨提示：洗盘型涨停板是我们重点关注的一类涨停板，尤其是低位低价有题材热点的涨停板。洗盘型涨停板与那些柔和的洗盘震仓方式相比，在涨停板上洗盘无论是从力度还是效率上看皆属出类拔萃。股价在涨停板上不断开开合合，胆子比较小的中小投资者最终会因为承受不住反复打开封停的压力而选择出局。

　　洗盘型涨停板在临盘甄别时需要下一番功夫，但我们只要抓住三点就可以确定它是不是洗盘性质的涨停板：一是个股短线累计涨幅较小，二是涨停板处于刚刚突破位置，三是流通盘较小，如果个股累计涨幅较大，基本上就是出货了。

四、出货型涨停板

　　出货型涨停板有两种情形：第一，股价处于高位，主力利用涨停板出货；第二，股价处于下跌反弹阶段，主力利用涨停板出货。出货型涨停板的最明显特征如下。

　　（1）初升浪的第三个涨停板一般是出货型涨停板。主力将股价从底部经过一波小幅拉升，主要目的就是脱离成本区，并在此位置进行洗盘。主力之所以用连续的涨停板拉升，是因为可以吸引场外资金的关注，因而在此位置洗盘不仅可以清洗掉部分持股信心不坚定的获利盘和套牢盘，还能吸引看好该股的中小投资者进场，抬高其持股成本，达到减轻阻力，后期顺利拉升的目的。同时主力经过小幅拉升后还可以通过派发部分筹码以便再次收集，实现利益最大化。

　　（2）价格与技术指标顶部钝化或背离，即股价创出新高，但技术指标不能创出新高，甚至低于前期高点所对应的技术指标时，价格与技术指标即呈现出顶部钝化或背离的特征。初升浪一般不会拉升太高。当股价创出短期新高而成交量不能创出新高，甚至低于前一波拉升时的成交量能，量价关系呈现顶部钝化或背离的特征时，出现的涨停板多为出货型涨停板；当成交量放大而价格却不能同步上涨，出现放量滞涨或放量下跌的特征时，特别是高位成交量急剧放大且换手率较大时，更能确定其为出货型涨停板。

　　（3）出货型涨停板振幅较大，一般在 13% 以上，并且是尾盘拉升至涨停板的位置，时间节点大多数在 14：50 以后。

经典案例一　图 7-13 特发信息（股票代码 000070）

图 7-13 所示为特发信息在 2019 年 1 月 10 日和 1 月 16 日的分时图。由图中我们可以看出，出货型涨停板与洗盘型涨停板有着非常相似的走势，所不同的是出货型涨停板大多是在尾盘的最后几分钟封死的涨停板，且所处的位置已经是高位。位置决定性质，特发信息的股价此时离底部启动已经有超过 70% 的涨幅，主力已经获利丰厚，且具备了获利了结的条件。故该股再次迅速拉高诱多后开始派发筹码，于是就形成了一根带有长上影线的射击之星阴 K 线，持股者此时就应该"三十六计，走为上"，以免在高位被套牢。

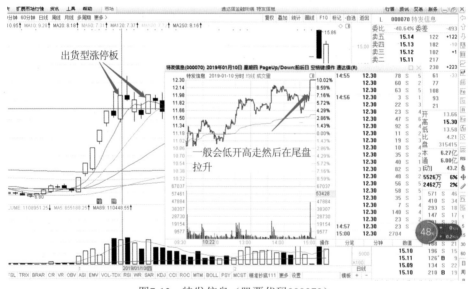

图7-13　特发信息（股票代码000070）

经典案例二　图 7-14 福建金森（股票代码 002679）

图 7-14 所示为福建金森在 2016 年 11 月 14 日的分时图。图中我们看到了和洗盘型涨停板非常相似的走势，不同的是它是在尾盘最后 5 分钟封死的涨停板，期间振幅高达 14%，股价从底部 22 元左右启动到现价 58 元，已经有超过一倍的涨幅，主力已经获利丰厚，所以有了很强的获利了结的欲望。

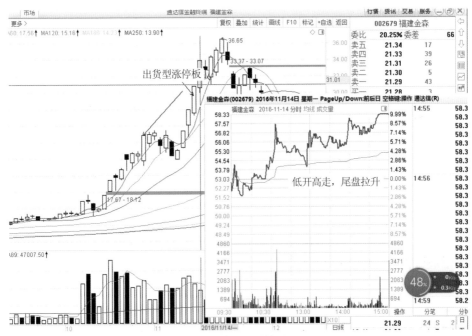

图7-14　福建金森（股票代码002679）

📈 **经典案例三　图7-15 超华科技（股票代码002288）**

图 7-15 所示为超华科技在 2018 年 12 月 4 日的分时图。图中我们看到主力走出了和洗盘型涨停板非常相似的走势，涨停板被反复打开，主力正是利用中小投资者在涨停板的位置追入，期待第二天有溢价的心理预期而抛出手中的筹码。由于主力的资金量庞大，派发筹码时常常会带动股价下行，但是由于主力控盘程度已经很高，始终控制着股价在人线上方运行。不同的是它是在尾盘最后的 5 分钟封死涨停板。位置决定性质，这个位置的涨停板也决定了它是出货型涨停板的性质，因为股价从底部启动时的 3 元到现价 6.25 元已经连续拉升了 7 个涨停板，短短时间内涨幅超过了一倍，所以主力获利了结也在情理之中。

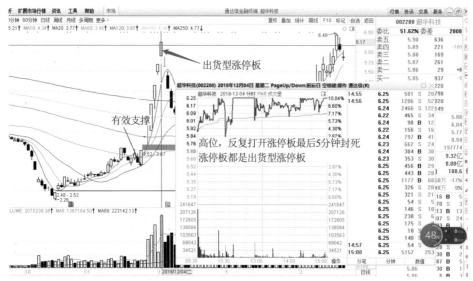

图7-15 超华科技（股票代码002288）

经典案例四 图7-16 群兴玩具（股票代码002575）

图7-16所示为群兴玩具2018年11月27日的分时图。图中我们看到主力走出了和洗盘型涨停板非常相似的走势，涨停板虽然反复打开，但是股价始终没有跌破人线。不同的是它早早地就封死了涨停板，而不是尾盘封死的。但是由于该股前期拉升幅度太大，又多是一字板和跳空高开，成交量又极度萎缩，说明庄家手里堆积了大量的筹码，在这种情况下主力不可能在高位一次性将货出完。为了获取尽可能多的利润，主力采取了以涨停板进行诱多派发的方式，由于该涨停板的位置和前面大阴线有可能形成双头，因此在此处不宜介入。

位置决定性质，股价是由人操纵的，人是有性格的，不同性格的人操纵的个股也不尽相同，书中表述的只是大概率事件，实际操作中还要具体问题具体分析，不能犯形而上学的错误。

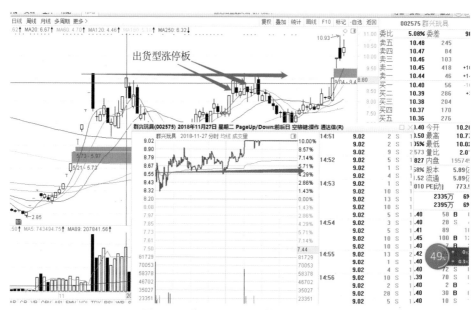

图7-16 群兴玩具（股票代码002575）

📈 经典案例五 图7-17博思软件（股票代码300525）

图 7-17 所示为博思软件 2018 年 11 月 15 日的分时图，我们看到主力走出了和洗盘型涨停板非常相似的走势，股价慢慢悠悠上涨，始终没有跌破人线，但是明显没有力度，上攻欲望不是很强烈，尾盘 3 分钟封死涨停板，更增加了出货的嫌疑，又因为此次拉升幅度已经超过 30%，所以我们应当避而远之。果不其然，次日便开始了长达近 3 个月的回调，随后才开始了第二波的拉升。

📈 经典案例六 图7-18猛狮科技（股票代码002684）

经过一波没有人能猜得出原因的暴涨，图 7-18 所示猛狮科技 2018 年 6 月 28 日的分时图当中，我们看到主力走出了和洗盘型涨停板非常相似的走势，涨停板反复打开，分时图呈锯齿状，股价一直高位运行，也没有跌破人线，给人以主力很强势的假象。但是从底部拉升算起股价几乎翻倍了，K 线位置已经明显处于高位，再加上是尾盘 5 分钟封死涨停板的，所以这个涨停板的类型就定义为出货型涨停板。

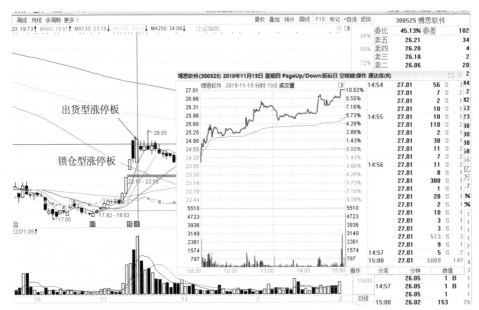

图7-17　博思软件（股票代码300525）

图7-18　猛狮科技（股票代码002684）

　　本节小结：君子不立于危墙之下，遇到高位的涨停板尤其是有可能形成双头和短期涨幅过大的个股，应当避而远之。同时炒股要懂得主力出货的基本常识：除非遇到特大利空，否则主力一般不会在下跌途中出货，因主力资金庞大，稍一派发股价就会下跌，而在下跌途中，中小投资者大多数是处于观望状态，它们是不敢买入股票的。中小投资者不接盘，主力手中的筹码就派发不来，如果强行卖出，只会因为资金庞大导致股价迅速跌停，跌停后中小投资者由于恐慌更不敢介入，同是场内资金也会跟风出逃，主力在下跌途中出货是得不偿失的，所以主力一般会选择在相对高位假装洗盘，然后再通过迅速拉高股价引诱跟风盘跟进，将股价拉到一定高位有了相当多的跟风盘后再进行派发，从而达到它们把最后的筹码变成现金的目的。

五、锁仓型涨停板

锁仓型涨停板是我们重点狙击的目标之一。锁仓拉升就是主力先吃下大量筹码（一般在 50% 以上），并使用一些做盘的技巧充分清洗浮筹，随后只用不多的成交量或小换手率就可以把股价拉抬上去，在拉抬股价的过程中，底部筹码几乎不动。以锁仓型涨停板拉升起来的股票相对于以对倒型涨停板拉升起来的股票来说，其后期的筹码派发相对来说是比较困难的。因为主力吃进的筹码太多，在没有成交量的情况下，庄家是无法出逃的，所以主力一般会采用高位横盘的方式来出货，这对于跟庄的中小投资者来说反倒成为一件好事，因为这类锁仓拉升的股票会有充足的时间来获利了结，换句话说锁仓拉升的股票是相对安全的股票，也是值得中小投资者重点关注的股票。一般而言，锁仓型涨停板具有如下特征。

（1）均线系统得分大多在 50 分以上，即 5 日均线、10 日均线、20 日均线、60 日均线多头排列，且 5 日均线的角度大于 35° 以上，各条均线线型平滑顺畅，没有弯弯曲曲、疙疙瘩瘩和凌乱的感觉。

（2）锁仓型涨停板一般会出现在突破 120 日均线或者 250 日均线的节点上。

（3）涨停板的成交量和前一个交易日持平或者稍微放量或缩量，不能爆大量。

（4）涨停板的换手率小于6%。

温馨提示：选择锁仓型涨停板跟进时，不要选择流通盘太大的。因为流通盘较大的个股，其涨停板一般是各路资金云集、多个主力联合坐庄形成的，出现连板的概率相对偏低。一般选择流通盘在50亿元流通市值以下的锁仓型涨停板为宜。

经典案例一　图7-19 安信信托（股票代码600816）

2019年2月18日和21日，主力分别用涨停板突破了60日生命线和180日均线等重要压力位，换手率更是低得可怜，才3.96%，其走势特征明显符合锁仓型涨停板，主力拉升意图明显，再加上金融供给侧的热点题材，促使股价一发不可收拾，一口气拉出了多个涨停板，短期内便走出了翻倍行情。

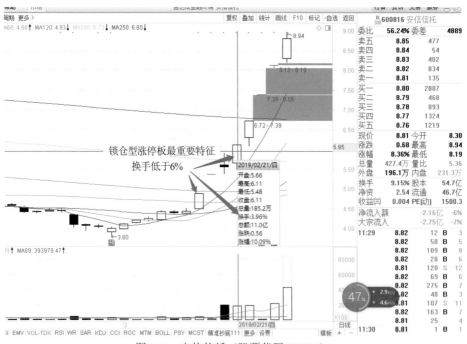

图7-19　安信信托（股票代码600816）

经典案例二　图7-20 东方通信（股票代码600776）

图7-20所示为东方通信在一段时间内的K线走势图。被江湖人称"东方

不败"的东方通信在 2018 年 12 月 24 日走出了换手率为 5.90% 的涨停板，成交量萎缩，其走势特征明显符合锁仓型涨停板。东方通信上涨前的底部平台区出现了成交量放大的形态，这是主力资金进场的明显标志，在其随后的大幅上涨中，成交量反而出现了逐渐缩小的态势，明显是锁仓拉升。而锁仓拉升也体现出庄家或主力的控盘能力很强。东方通信的股价之所以能够一路飙升，在短短的时间就有超过 4 倍的涨幅，获取 2018 年"东方不败"之称，除了借助了 5G 题材的热点之外，这个位于启动初期的锁仓型涨停板也功不可没。

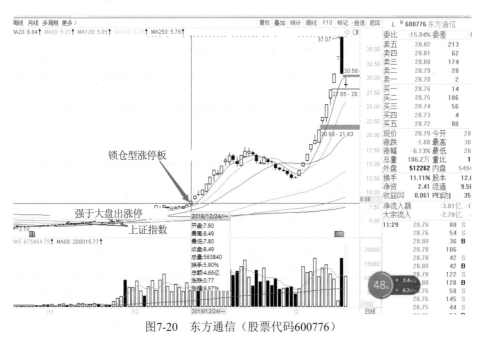

图7-20　东方通信（股票代码600776）

经典案例三　图 7-21 风范股份（股票代码 601700）

图 7-21 所示为风范股份在一段时间内的 K 线走势图。主力经过长时间的吸筹，致使其均线系统在 2018 年 11 月以后开始高度黏合，说明市场成本基本趋于一致。主力借助特高压概念发动行情，于 2018 年 12 月 26 日用换手率仅为 1.96% 的涨停板一举突破 120 日均线的重要压力位，其走势特征明显符合锁仓型涨停板。自 2018 年 12 月 26 日开始，风范股份走出了三连板，换手率均小于 6%，锁仓型涨停板确立。随后风范股份的股价借助国

家特高压题材的热点一路飙升，走出了继恒立实业和市北高新后的第三个九连板暴涨形态。

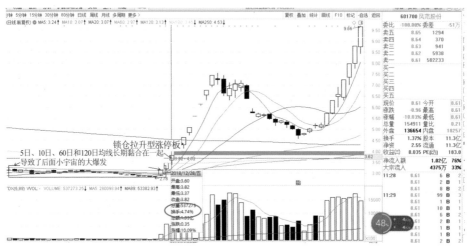

图7-21　风范股份（股票代码601700）

📊 经典案例四　图 7-22 大智慧（股票代码601519）

图 7-22 所示为大智慧在一段时间内的 K 线走势图。自 2018 年一批如斯太尔、恒立实业等低价股成妖之后，2019 年开年继续延续了此类行情，一批多元金融类股票借着政府推行"金融供给侧"改革的东风，趁势而动。大智慧又借着摘掉 ST 帽子的双重利好，于 2019 年 2 月 19 日用一个仅为1.34% 的超低换手率的缩量涨停板就突破了 250 日均线的重要压力位，走势特征明显符合锁仓型涨停板。次日股价便跳空高开低走，收出了天鹰开路的雏形 K 线形态（涨停板后形成一个阴阳十字星，最好是最低价不破涨停板收盘价，然后第三天再有涨停板即为天鹰开路成立），第三天股价反包第二天的阴线，天鹰开路暴涨形态确立，从而股价一路向北，开始了它的妖股之旅。

📊 经典案例五　图 7-23 凯美特气（股票代码002549）

图 7-23 所示为凯美特气在一段时间内的 K 线走势图。2018 年 11 月 26日，主力用一个涨停板强势突破 250 日均线，其换手率都低于 3%，明显符

合锁仓型涨停板的特征，技术形态又符合金凤还巢的暴涨形态，走出连续 4
个涨停板的行情也就在意料之中了。

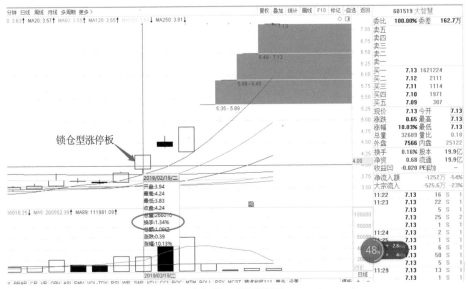

图7-22　大智慧（股票代码601519）

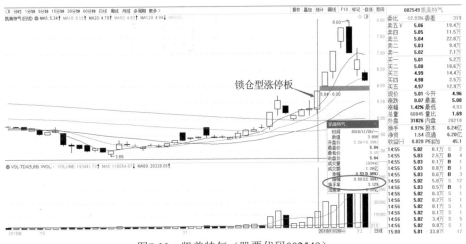

图7-23　凯美特气（股票代码002549）

📊 **经典案例六　图 7-24 恒立实业（股票代码 000622）**

图 7-24 所示为恒立实业在一段时间内的 K 线走势图。2018 年 10 月 24

日，主力用换手率仅为 2.36% 的涨停板强势突破 120 日均线的重要压力位。由于主力只用了不到 3% 资金就将股价拉升到了涨停板，主力锁仓迹象明显，符合锁仓型涨停板的所有特征。4 天后，主力再次用洗盘型涨停板将不坚定的中小投资者斩落马下，轻轻松松地连续拉出了多个涨停板，短短的时间创造了 15 连板的奇迹，在 A 股历史上书写上了自己的妖股传奇。

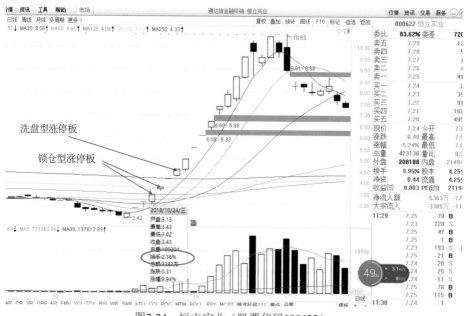

图7-24　恒立实业（股票代码000622）

📊 经典案例七　图 7-25 张江高科（股票代码 600895）

图 7-25 所示为张江高科在一段时间内的股价走势图。2018 年 11 月 5 日，借着科创板推出的利好消息刺激，主力用换手率仅为 1.48% 的涨停板就强势突破了 120 日均线的重要压力位，该涨停板的位置、换手率和成交量均明显符合锁仓型涨停板特征，于是主力借助科创板的题材热点，操纵着股价一路飙升，将股价从底部的 10 元左右一鼓作气拉升至 20 元，短短两周的时间便走出了翻倍行情。

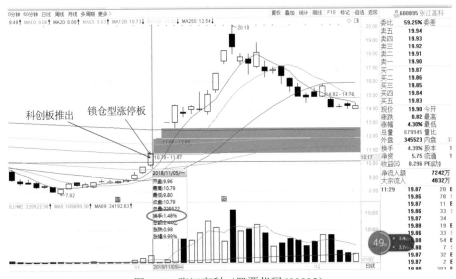

图7-25 张江高科（股票代码600895）

📊 **经典案例八 图 7-26 人民网（股票代码 603000）**

图 7-26 所示为人民网在一段时间内的 K 线走势图。主力受传媒和创投概念热点消息的刺激，采取用时间换空间拉高建仓的手法，悄无声息地慢慢收集筹码，逐步将股价推高，使均线系统形成多头排列。然后用一组较长时间的星光闪耀形态（多个十字星）进行横盘洗盘，2019 年 2 月 20 日，主力用换手率仅为 2.72% 的涨停板吹响了进攻的号角。这个涨停板完全符合锁仓型涨停板的所有特征，即低位、低换手且成交量也没有明显放大，没有出货迹象，所以随后股价的疯狂拉升也就在情理之中了。

📊 **经典案例九 图 7-27 正邦科技（股票代码 002157）**

图 7-27 所示为正邦科技在一段时间内的 K 线走势图。2019 年春节后的猪肉消费淡季都没有挡住"二师兄"相关概念股大涨的步伐，相关板块的个股筹码已经高度集中。正邦科技的主力用连续十字星线的经典洗盘手法完成清洗浮筹的动作后，于 2019 年 2 月 11 日，用换手率仅为 1.61% 的锁仓型涨停板发动了一波暴涨行情。每一波大涨行情都是由涨停板发动的，但是并不是每一个涨停板都能发动一波大涨行情，而这个位置的锁仓型涨

停板就是能够引发一波较大行情的涨停板。正邦科技2019年2月11日涨停板完全符合锁仓型涨停板特征,所以它的股价才能沿着5日均线一路向北,让持股者赚得盆满钵满。

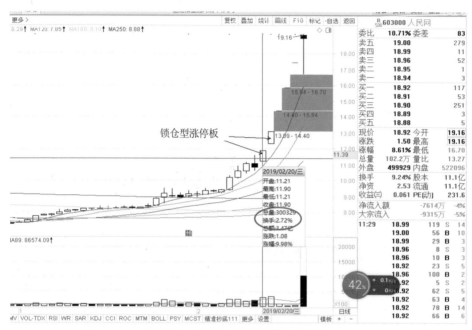

图7-26　人民网（股票代码603000）

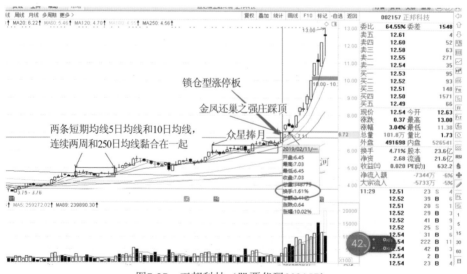

图7-27　正邦科技（股票代码002157）

本节小结：处于低位的锁仓型涨停板，往往能够引发一波较大级别的大涨行情，短时间内翻倍是常态，所以遇到这种类型的涨停板，可以毫不犹豫地重仓跟进。

六、对倒型涨停板

对倒拉升是指庄家通过几个不同账户之间自买自卖造成盘口买方强势的虚假现象，借此吸引场外的中小投资者跟风买入，从而达到使股价快速冲高的目的的操作行为。

1. 对倒型涨停板的具体特征

（1）对倒型涨停板一般出现在次新股或是远端次新股。

（2）对倒型涨停板大多数会出现在突破前高的位置。

（3）对倒型涨停板的换手率一般大于 23%。

（4）对倒型涨停板连续出现时其成交量和换手率基本相当，即成交量不会明显地放大，量柱多为平量或者缩量，即便放大也是微微放大。

2. 对倒拉升的主要内容

（1）拉升过程中盘中异常放量。股价在拉升过程中，盘中会出现异常放大的成交量，故也可以称为对倒放量拉升型涨停板。庄家或主力通过对倒拉升股价，在盘中制造出成交火热的假象，以此来吸引场外资金进场。

（2）对倒型涨停板既可能是机会，也可能是陷阱。若对倒拉升出现在低价位区时，庄家或主力很可能会使用此法来激活市场人气，用特意制造出的成交火爆场面吸引场外资金进场，达到用少量的资金就可以大幅拉升股价的目的；若对倒型涨停板出现在股价大涨之后的高位，则是主力出逃的陷阱，是主力为引诱场外投资者进场而特意制造的假意拉升，一旦买盘人气上来，庄家就会在这种场外资金涌入之时反手做空，借机出货。

（3）对倒型涨停板出货极为快速，往往是两三天就能出货完毕。由于主力在拉升股价的过程中是对倒拉升的，大多数情况下，主力是边洗边拉，根本不留底仓，所以它的出货是非常快速的，几乎两三天就能将手中的筹码全部派发出去。

（4）对倒型涨停板对大盘环境有较高的要求。对倒型涨停板主要是靠制造成交火热的场面来吸引场外中小投资者跟风而达到四两拨千斤的目的。由于主力坐庄时启用的资金量很少，只有在大盘环境向好时，才能吸引更多的场外资金进场，以达到共同抬轿拉升股价的目的；若大盘环境差时，由于场内的中小投资者因为害怕股价大幅下跌而抛售踊跃，就会导致抛压盘大增，此时主力若逆势操作，就会耗费大量的资金去接收中小投资者抛出的筹码，从而提高建仓成本，这就违背了主力欲借市场之力来达到四两拨千斤的初衷。

（5）对倒型涨停板一般发生在次新股。次新股永远是游资追逐的对象，其原因之一就是次新股筹码干净，没有大量的套牢筹码与众多的利益纠葛；原因之二是大多数次新股流通盘小，只需动用少部分资金就可以拉升股价。

所以，中小投资者要重点关注小盘股。动辄流通盘几百亿的大盘股，需要几个主力在大盘良好的环境下去联合坐庄才能大幅拉升股价，所以中小投资者花费大量精力在所谓的优质大盘股上是得不偿失的。工商银行（股票代码601398）是优质股，可是纵观其历史走势，却没有几个涨停板，这是因为要想将工商银行拉升至涨停板需要非常庞大的资金，单独的庄家或主力一般没有这样雄厚的资金来撬动这样的大盘股，游资就更没有这个实力了，拉动这样的大盘股只能靠多个主力联合坐庄。

📊 **经典案例一　图 7-28 永和智控（股票代码 002795）**

图 7-28 所示为永和智控在一段时间内的 K 线走势图。2018 年 2 月 12 日，主力开始用连续收小阳 K 线的方式收集筹码，2018 年 3 月 5 日主力突然拉

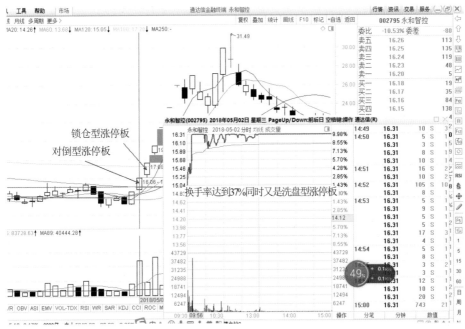

图7-28 永和智控（股票代码002795）

出一个换手率放大至 17.71% 的涨停板。此种操作手法暴露了此股可能是短庄游资所为。随后，主力用一组金凤还巢之精庄踩腰的手法，突破了 60 日均线的重要压力位，同时换手率放大至 24.93%。至此，基本上能够确定这个庄家就是短期游资所为。主力完成筹码的收集以后开始暴力洗盘，由于洗盘过程中跌停板的成交量并没有明显放大，说明主力并没有借机出逃。此后主力用第二组龙抬头再次收集筹码，并于 2018 年 4 月 19 日试探突破 120 日均线的重要压力位，未果。从 2018 年 4 月 23 日开始连续用两根近乎跌停的缩量大阴线震仓、破位洗盘，其萎缩的成交量表明主力仍然隐身其中并未出逃。横盘 3 个交易日后，主力用一根穿过 4 条均线的涨停板强势收回前面的大阴线，次日主力再次用涨停板强势突破 120 日均线的重要压力位，同时换手率放大至 37.7%，对倒型涨停板得到确认，并且分时图中也出现了明显的洗盘型涨停板的特征，这个涨停板就有了集对倒型涨停板和洗盘型涨停板于一身的双重涨停板身份。2018 年 5 月 3 日，主力用跳空一线天再次高开高走，换手率缩减到 14.47%，说明前一日进来的筹码今天没有出货。由于该涨停板的成交量大幅缩减至前一个涨停板的 1/3 位，且盘中不时地开板，尽管这个涨停板的换手率比较高，但仍然可以把它定位成相对锁仓型涨停板和洗盘型涨停板。随后股价开始疯狂拉升，短短 13 个交易日就走出了 10 个涨停板的暴涨行情。

经典案例二　图 7-29 锋龙股份（股票代码 002931）

2018 年 9 月 27 日，主力用一根换手率为 29.69% 的涨停板开始暴力收集筹码，初步判断为对倒型涨停板，同时这个涨停板的力度非同寻常，一举突破了 4 根均线的重要压力位，次日收出了 20% 的缩量涨停板，相对于前一日的换手率将近 30%，说明主力是相对锁仓对倒拉升，随后连续拉出了 5 个涨停板的走势。

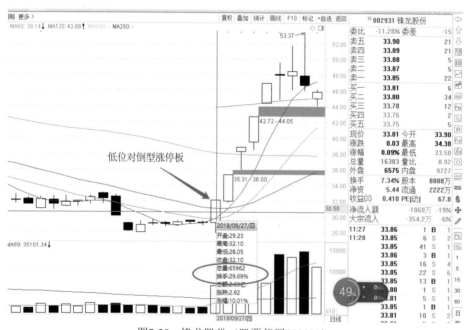

图7-29　锋龙股份（股票代码002931）

经典案例三　图 7-30 贵州燃气（股票代码 600903）

从 2017 年 12 月 14—21 日，主力用四根换手率大于 40% 的涨停板开始暴力收集筹码，虽然换手率很大，但是成交量并没有明显变化，证明主力对倒迹象明显。成交量和前一日持平或者微微放量说明主力只是左手倒右手，且已经控制了市场上大部分能流通的筹码。2017 年岁末，主力用对倒、缩量、锁仓拉升股价，成就了贵州燃气 2017 年底—2018 年初跨年度的妖股威名。

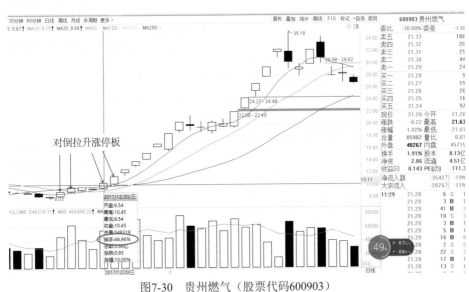

图7-30　贵州燃气（股票代码600903）

📈 **经典案例四　图 7-31 万兴科技（股票代码 300624）**

图 7-31 所示为万兴科技在一段时间内 K 线的走势图，从 2018 年 2 月 22 日主力开始拒绝下跌，到 2018 年 2 月 26 日主力用一根不起眼的小阳 K 线封堵了前面的跳空缺口，随后主力在 2018 年 2 月 28 日和 3 月 1 日用一组否极泰来暴涨形态组合，开始了股价的暴力拉升。期间换手率没有低于 39%，对倒型涨停板特征明显。随后万兴科技的股价经过强势拉升，不到一个月的时间就走出了两倍行情。所以掌握好对倒型涨停板特征就等于把握住了游资的脉搏，让它们无处遁形。

📈 **经典案例五　图 7-32 华森制药（股票代码 002907）**

图 7-32 所示为华森制药在一段时间内的 K 线走势图。华森制药属于次新股，是备受游资追捧的对象。2017 年 12 月 26 日，主力用一根涨停板站在了所有均线之上，2018 年 1 月 5 日主力用一个换手率为 44.50% 的对倒型涨停板开始了它的妖股之旅，短短的 16 个交易日就走出了 10 个涨停板的暴涨行情，为 2018 年的大熊行情留下了一抹亮色。

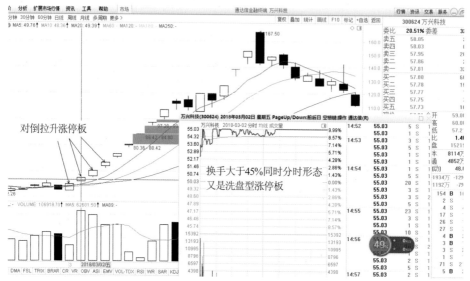

图7-31　万兴科技（股票代码300624）

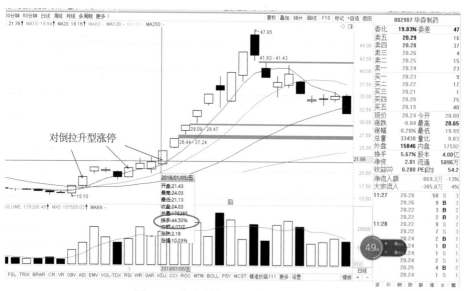

图7-32　华森制药（股票代码002907）

经典案例六　图7-33 大烨智能（股票代码300670）

　　图7-33所示为大烨智能在一段时间内的K线走势图。主力在2018年10月8日和10月9日用一组否极泰来暴涨形态组合止住了下跌趋势，同时

也开始了它国庆节后的股价狂欢。10 月 10 日，股价跳空高开收出一条宽宽的护城河，次日以高达 51.45% 的换手率将股价拉至涨停，明显符合对倒型涨停板的特征。短庄游资凶悍的操作手法再次显示了它强大的攻击力。

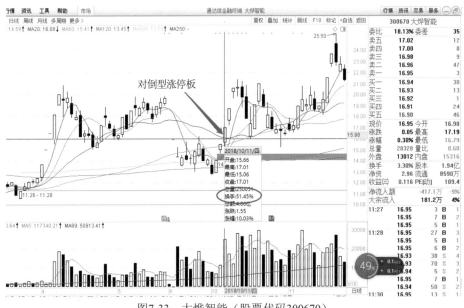

图7-33　大烨智能（股票代码300670）

📊 经典案例七　图 7-34 新疆交建（股票代码 002941）

图 7-34 所示为新疆交建在一段时间内的 K 线走势图。2018 年 "股民很受伤，游资很猖狂"，游资抓住机会制造了多只妖股，收获满满，而中小投资者因为反应不及时，并没有多少收益。2018 年底新疆交建出其不意地给了人们一点惊喜：自二级市场上市以来，以多个一字涨停板运行到高位，涨停板被打开后，股价没有下跌，一直在高位横盘震荡，期间换手率一直保持在 50% 左右，游资操作且抢筹意图明显。2019 年 1 月 4 日主力以换手率为 42.92% 的对倒型涨停板突破前期高点，解放了前期所有的套牢盘，大幅拉升在即，果然，其后股价开始天天连续涨停板的暴涨行情，短短一周的时间股价从 22 元大涨至 44 元，完成了翻倍。

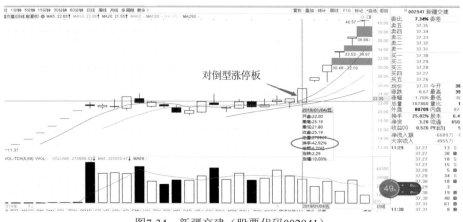

图7-34　新疆交建（股票代码002941）

经典案例八　图7-35 宏川智慧（股票代码002930）

图7-35 所示为宏川智慧在一段时间内的股价走势 K 线图。2018 年 5 月 9 日，主力拉出了一个换手率高达 58.24% 的集对倒型涨停板和洗盘型涨停板于一身的复合涨停板，此后股价便开始强势拉升。从分时图可以看出，股价一直在高位运行，但是期间并没有跌破人线，说明这个涨停板具有洗盘型涨停板的特征，充分换手后，主力便阔步向前，一路飙升，打出了九连板的高度，让 2018 年熊冠全球的 A 股永远记住了这只妖股。

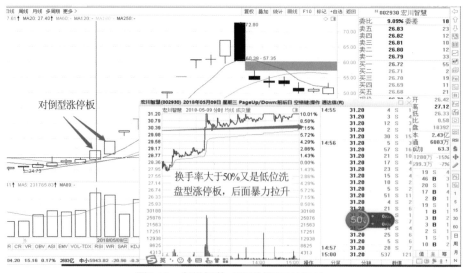

图7-35　宏川智慧（股票代码002930）

七、拉升型涨停板

拉升型涨停板既不同于锁仓型涨停板又不同于对倒型涨停板，是介于两者之间的一种涨停板，对倒型涨停板和锁仓型涨停板都是吃独食的涨停板，前者是短庄游资在吃独食，后者是中长线庄家在吃独食，而拉升型涨停板是一种既有中长线庄家在运作又有短线游资参与的多个机构默契配合的涨停板。

拉升型涨停板具体特征如下。

（1）换手率介于 12% ~ 19%，说明大家互不排斥，共同看好这只股票。

（2）均线综合得分一定是大于 70 分，即 5 日均线、10 日均线和 20 日均线都多头排列，60 日生命线和 120 日均线都翘头向上，250 日均线可以走平。

（3）成交量会微微放大或者是倍量，但不会是爆大量。

（4）分时图符合洗盘型涨停板特征。

📈 **经典案例一　图 7-36 东方通信（股票代码 600776）**

图 7-36 所示为东方通信在一段时间内的股价走势 K 线图。2019 年 2 月 11—13 日，主力连续三天分别用三个换手率大于 12% 又小于 20% 的拉升型涨停板开始了它的拉升之旅。换手率一旦大于 12%，就说明主力不想吃独食，也想大家合力拉升股价。因为前面一波拉升的幅度够大，部分筹码已经获利了结，庄家再想发动二次拉升，似乎有点力不从心，于是就有了联合作战的这种拉升型涨停板。

📈 **经典案例二　图 7-36 风范股份（股票代码 601700）**

图 7-37 所示为风范股份在一段时间内的股价走势 K 线图。2019 年 2 月 15 日，主力收出一个换手率为 14.03% 的拉升型涨停板，同时量柱大于 5 日均量线，成交量微微放大，量价配合完美，促使均线顺位，此后股价便开始了它的拉升之旅，短短一周多的时间便走出了翻倍行情。

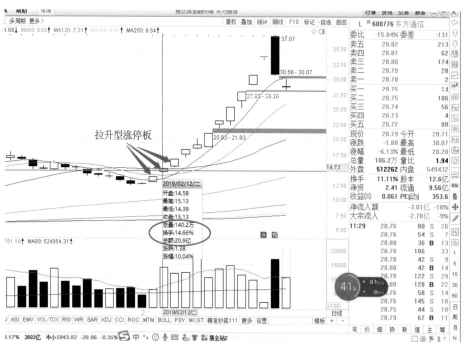

图7-36 东方通信（股票代码600776）

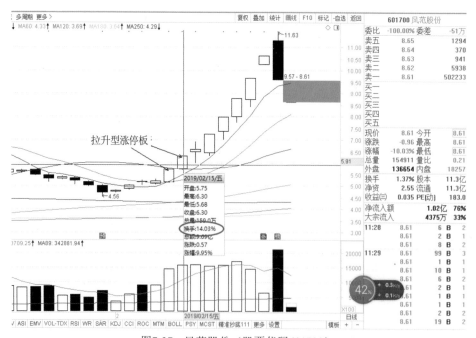

图7-37 风范股份（股票代码601700）

📈 **经典案例三 图 7-38 路通视讯（股票代码 300555）**

图 7-38 所示为路通视讯在一段时间内的股价走势 K 线图。2019 年 2 月 20 日，主力收出一个换手率为 14.22% 的拉升型涨停板，强势突破了 250 日均线的重要压力位，同时量柱大于 5 日均量线，成交量微微放大，量价配合完美，促使均线顺位，此后股价就像脱缰的野马，又连续拉出三个涨停板，完成了一波漂亮的暴涨行情。

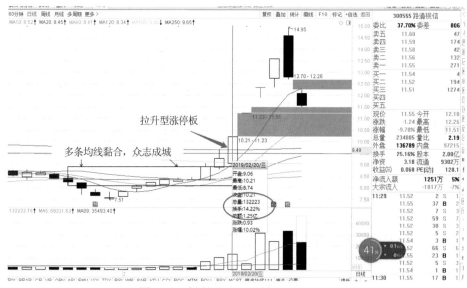

图7-38 路通视讯（股票代码300555）

📈 **经典案例四 图 7-39 银星能源（股票代码 000862）**

图 7-39 所示为银星能源在一段时间内的股价走势 K 线图。多条均线黏合后，表明市场成本趋于一致，大家基本达成共识，主力蓄势待发。2019 年 1 月 11 日和 18 日，主力分别用上影线试探 250 日均线的重要压力位，探明情况后，终于在 1 月 31 日收出一个换手率为 7.91% 的涨停板，突破了所有重要压力位，同时量柱大于 5 日均量线，量价配合完美促使均线顺位，再加上清洁能源的热点配合，股价进入暴涨阶段，连续拉出多个涨停板。

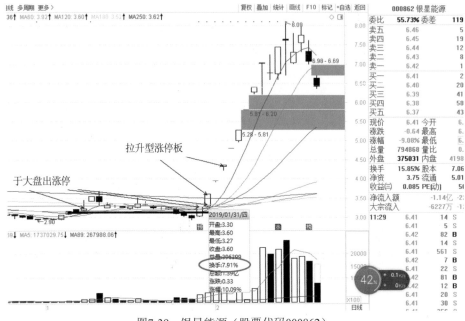

图7-39　银星能源（股票代码000862）

📈 **经典案例五　图 7-40 特发信息（股票代码 000070）**

图 7-40 所示为特发信息在一段时间内的股价走势 K 线图。2019 年 1 月 4 日和 2 月 21 日，主力分别收出两个换手率为 11.48%、14.15% 的拉升型涨停板，加上成交量配合完美，又有东方通信带头的 5G 题材助力，发动了两波涨幅大于 30% 的暴涨行情也就顺理成章了。

📈 **经典案例六　图 7-41 和图 7-42 通产丽星（股票代码 002243）**

图 7-41 和图 7-42 所示为通产丽星在一段时间内的股价走势 K 线图。主力在 2018 年 12 月 19 日和 2019 年 2 月 12 日分别收出两个换手率为 18.02%、15.21% 的拉升型涨停板，且 2 月 12 日涨停板完成了左右开弓的暴涨形态（左侧大阴线洗盘，右侧大阳线拉升），加上成交量配合完美，又有创投板块的热点题材助力，于是便发动了两波涨幅几乎翻倍的行情。

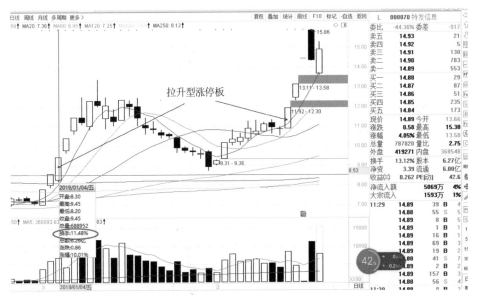

图7-40 特发信息（股票代码000070）

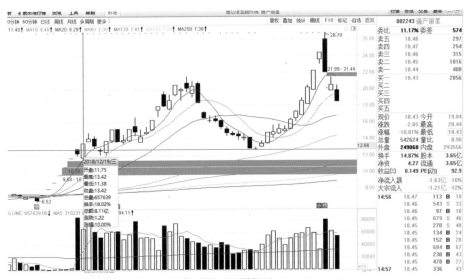

图7-41 通产丽星（股票代码002243）（一）

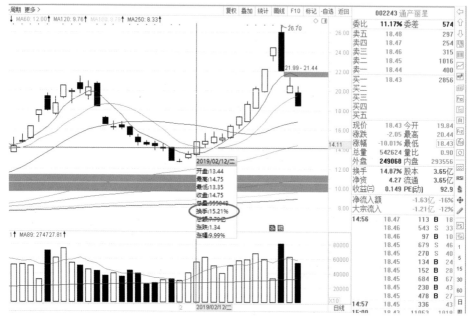

图7-42　通产丽星（股票代码002243）（二）

第二节　涨停板按主力资金分类

　　按主力资金分类，涨停板一般可以分为游资和以公募基金为代表的正规机构。有些人认为，涨停是游资所为，以基金为代表的正规机构基本不做涨停板，其实这是一个认识上的误区，因为基金做股票的建仓期很长，通常不采用短期拉高建仓的方法，其重仓股票的涨停往往发生在拉升途中或者是利用涨停来出货；游资做的涨停板封板很坚决，常常伴随着很大的成交量，换手率一般会超过 17%（前面对倒型涨停板已经解读过了，基本为游资所为）。

　　以公募基金为代表的正规机构所参与的股票的显著特征是：机构做的股票经常拉出涨幅在 6% 以上的大阳线，偶尔拉到涨停板也不封死涨停板，经常炸板烂板。机构所参与的股票即使封板也是勉勉强强，尤其是多家基金重仓的股票，更是鲜见涨停板，偶尔有一个也是时隔三五个月。由于机构的持仓量比较大，持仓时间长，所以股票运作起来不会特别张扬，因为过度张扬就会引起市场的高度关注，容易引起中小投资者的跟踪。市场上的许多中小投资者由于精力有限或性格原因，只喜欢关注涨停的股票而自动忽略没有涨停的股票，认为炸板或没有涨停的这些个股实力不强，不值得参与，从而在复盘时就容易忽略掉它们。

公募基金的特性决定了它只能选择安全的股票建仓。由于公募基金的利润来源是客户的固定管理费，所以它们的首要任务是选择安全边际高的白马股建仓，这样即使跌了，也不会让基金经理失业下岗，就像华尔街流行一句话，在美国买了 IBM 和苹果的股票即使跌没了，基金经理也不会被炒鱿鱼。之所以公募基金操作的股票的涨停板很少，是因为那个涨停板就是公募基金建仓那天进入促成的，至于以后的涨跌，那就随市场推动了。所以，作为短线炒家，应该避开因为这些原因导致的不上涨或者长期横盘的股票。当然，机构参与的股票的主升浪持续时间会比较长，它的后劲会很足，也是值得中小投资者重点关注的部分。

经典案例一　图7-43 盛达矿业（股票代码000603）

图 7-43 所示为盛达矿业在一段时间内的股价走势 K 线图。在这幅图中可以看到，涨幅在 6% 以上的大阳线很多，就是不封板，而且炸板率非常高，有时即使封板也是勉勉强强。2018 年 10 月 24 日、11 月 30 日和 12 月 11 日，主力分别收出三个涨停板被打开后的大阳线，可见能运作出这种形态的 K 线的操盘手都是很低调的，能够涨停而不涨停，机构运作迹象非常明显。由于中小投资者的共性和弱点，他们是不可能同时看上一只股票的，即使看上也不可能在同一时间达成共识把股票做到涨停板。机构参与的股票建仓时间长，持股时间也比较长（具体看 F10 主力追踪和股东研究就能发现其中的蛛丝马迹），短期大涨的可能性很小。这种股票一般都是进一大步退两小步的做法，除非在大盘环境好、市场参与程度高，进入主升浪（主

升浪的明显特征就是均线的综合得分够 100 分）时，才会连续拉出阳线不涨停却涨不停。

图7-43　盛达矿业（股票代码000603）

经典案例二　图 7-44 华帝股份（股票代码 002035）

图 7-44 所示为华帝股份在 120 个交易日内的股价走势 K 线图，当中只有一个涨停板，其余两个是 7% 以上的光头阳线，这就是主力建仓的时间节点。分时图的特点是没有大单，分时图中天线沿 45°角慢慢爬升，一般会在尾盘封死涨停板。机构做的股票不像游资做的那样在分时图中用脉冲波形瞬间放量封死涨停板。图 7-45 所示为华帝股份（股票代码 002035）十大股东情况的展示图，从图中可以看到前十大流通股东 2018 年 9 月 30 日之前的持股情况，十大流通股东基本上都是公募基金或机构的席位。

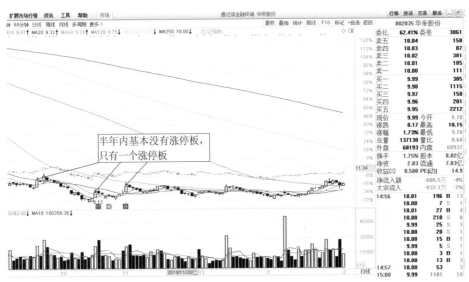

图7-44　华帝股份（股票代码002035）

002035
华帝股份

最新提示 | 公司概况 | 财务分析 | 股东研究 | 股本结构
公司大事 | 港澳特色 | 经营分析 | 主力追踪 | 分红扩股

FH002深

备注：临时披露

截至日期：2018-09-30 十大流通股东情况 A股户数:30120 户均流通股:26045
累计持有:30439.73万股,累计占流通股比例:38.80%,较上期变化:9972.82万股↑

股东名称（单位:万股）	持股数	占流通股比(%)	股东性质	增减情况
石河子奋进股权投资普通合伙企业	12096.00	15.42 A股	其他	↑4032.00
米林县联动投资有限公司	2918.83	3.72 A股	其他	↑972.94
中国银行股份有限公司－上投摩根核心成长股票型证券投资基金	2669.55	3.40 A股	基金	新进
招商银行股份有限公司－富国低碳环保混合型证券投资基金	2591.81	3.30 A股	基金	↑590.06
潘叶江	2173.06	2.77 A股	个人	↑724.35
招商银行股份有限公司－国泰成长优选混合型证券投资基金	2146.48	2.74 A股	基金	↑890.82
中信证券·卓越成长股票集合资产管理计划	1696.75	2.16 A股	集合理财计划	新进
香港中央结算有限公司	1436.28	1.83 A股	其他	↑60.30
中国人寿保险股份有限公司－分红－个人分红-005L-FH002深	1360.98	1.73 A股	－	新进
中国工商银行－汇添富成长焦点混合型证券投资基金	1350.00	1.72 A股	基金	↓-150.01

2018-09-30较上个报告期退出前十大流通股东有

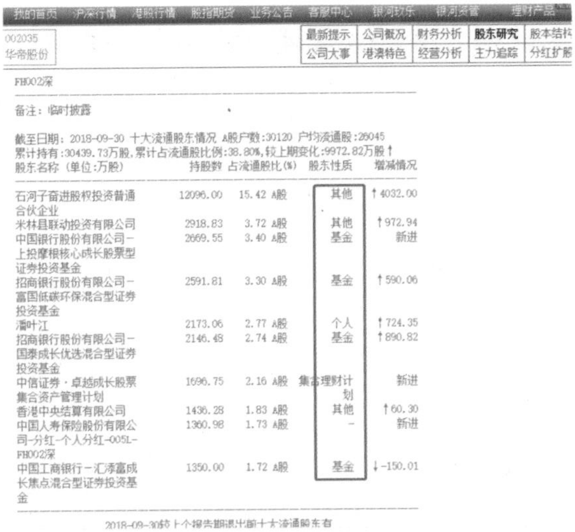

图7-45　华帝股份（股票代码002035）十大股东情况展示图

经典案例三　图 7-46 美的集团（股票代码 000333）

图 7-46 所示为美的集团 120 个交易日内的股价走势 K 线图。图中只有一个涨幅达到 6% 以上的光头阳线，这就是主力建仓的时间节点。图 7-47 所示为美的集团（股票代码 000333）的主力追踪图，通过图例我们可以看

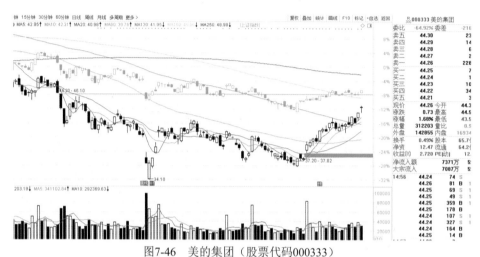

到2018年12月31日之前的持股情况。新进机构和基金75家，合计284家，其中还有增持的，这些资金谁都想自己坐轿子而让别人抬轿子，一般情况下短期内都不会主动发动进攻，正所谓“基”多不下蛋（基金参与家数太多，股价难以上涨）。

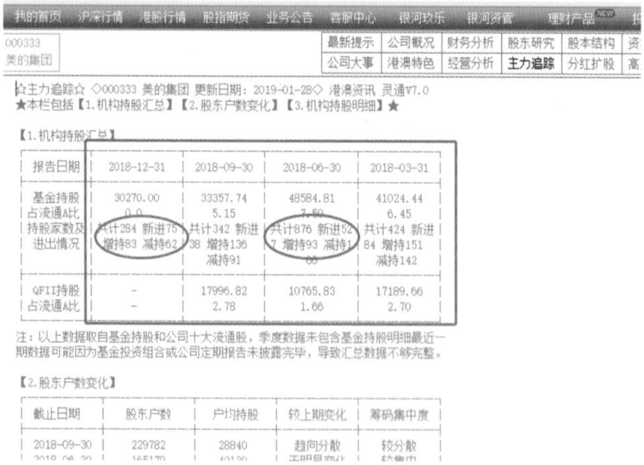

图7-46　美的集团（股票代码000333）

☆主力追踪☆ ◇000333 美的集团 更新日期：2019-01-28◇ 港澳资讯 灵通V7.0
★本栏包括【1.机构持股汇总】【2.股东户数变化】【3.机构持股明细】★

【1.机构持股汇总】

报告日期	2018-12-31	2018-09-30	2018-06-30	2018-03-31
基金持股 占流通A比 持股家数及 进出情况	30270.00 0.0 共计284 新进75 增持83 减持62	33357.74 5.15 共计342 新进38 增持136 减持91	48584.81 7.50 共计876 新进527 增持93 减持166	41024.44 6.45 共计424 新进84 增持151 减持142
QFII持股 占流通A比	- -	17996.82 2.78	10765.83 1.66	17189.66 2.70

注：以上数据取自基金持股和公司十大流通股，季度数据未包含基金持股明细最近一期数据可能因为基金投资组合或公司定期报告未披露完毕，导致汇总数据不够完整。

【2.股东户数变化】

截止日期	股东户数	户均持股	较上期变化	筹码集中度
2018-09-30	229782	28840	趋向分散	较分散

图7-47　美的集团（股票代码000333）的主力追踪图

本章小结：强者恒强，股市同样符合这个规律，分清涨停板的各种类型，认真归纳总结涨停板的位置和性质，不要参与建仓型、出货型、自救型涨停板，也不要在弱势股、大盘股上浪费时间和金钱，因为时间和金钱都是中小投资者炒股的最大成本，尤其是时间成本更是浪费不起。

第八章

强于大盘
出涨停。

一、大盘环境的重要性

大盘环境主要是指大盘指数的趋势变化。大盘的趋势变化反映了股票市场环境的优劣程度。中小投资者密切关注大环境的变化是非常重要的，这对投资者能否盈利起着至关重要的作用。

1. 大盘环境的具体表现形式

大盘指数（通常是指沪市的"上证综合指数"和深市的"深证成分股指数"）反映的是大盘环境。大盘环境具体表现在以下三个方面。

（1）当大盘的总趋势是上涨的态势时，说明大盘环境是非常优良、宽松的，中小投资者可以适当参与持股待长。

（2）当大盘的总趋势是下跌的状态时，说明大盘环境是非常恶劣、紧张的，中小投资者应尽量捂住资金观望。

（3）当大盘趋势处于横盘震荡时，意味着大盘环境是冷热相间的状态，其方向尚不明朗，需要中小投资者耐心等待其方向的转化。

2. 大盘指数的具体作用

（1）大盘指数可以左右市场投资者的投资信心和情绪变化。

（2）大盘指数是反映主力机构投资的工具，其具体表现在以下两个方面。

①当大盘指数在阶段性高位时，说明主力机构正在寻求机会获利出逃。

②当大盘指数处在阶段性低位时，说明主力机构正处在配置品种的建仓阶段。

（3）大盘指数对个股价格趋势具备强烈的牵制力，其具体表现在以下两个方面。

①如果大盘指数处在上涨阶段，那么个股也会呈现出普涨态势。

②如果大盘指数处在下跌阶段，那么个股也会呈现出普跌态势。

二、大盘环境与个股之间的对应关系及其市场内涵

1. 大盘环境与个股之间的关系

大盘环境和个股之间有着密切的联系，我们在观察个股行情时，不能轻易忽略大盘环境的直接或者间接的影响力。具体来说，大盘环境和个股之间的对应关系主要表现在以下两个方面。

（1）当大盘环境宽松的时候，个股行情趋势向上，个股上涨的概率幅度也非常大。

（2）当大盘环境恶劣的时候，个股行情趋势向下，个股下跌的概率非常大，甚至会有崩盘的危险。

2. 大盘环境的市场内涵

（1）大盘环境宽松时的市场内涵。当大盘环境宽松时，象征着市场资金的流动性不断加强，上市公司的融资环境得到了很大改善，也就意味着投资机会的降临，投资者的信心也得到了很大的恢复。作为主力机构也会瞅准机会顺势而为，从而导致财富效应的迅速出现。

（2）大盘环境恶劣时的市场内涵。当大盘环境恶劣时，说明宏观政策抑制市场过热的效应已经发挥作用，也就意味着市场资金的流动性趋势变紧，上市公司的盈利预期开始出现下降，通常会出现主力机构趁机解套出逃，从而导致个股下跌。

三、如何根据大盘环境顺势或逆市操盘

俗话说，覆巢之下，安有完卵，在大盘环境恶劣时，尽量不要逆市操作股票，以免遭受不必要的损失。但事无绝对，总有一些股票先于大盘启动从而带动大盘扭转下行趋势向好。逆市中可以选择先于大盘启动或强于大盘的个股进行操作。将上证指数的日 K 线走势和个股日 K 线走势叠加在一起，个股强弱就会一目了然，然后再根据个股是强于大盘还是弱于大盘进行个股的取舍，进行操作。

上证指数与个股日 K 线走势叠加的方法如下。

1. 通达信软件的叠加方法

（1）打开个股日线图。

（2）鼠标单击右键。

（3）找到"叠加指定品种"。

（4）添加"上证指数"。

2. 东方财富的叠加方法

（1）打开个股日线图。

（2）鼠标单击右键。

（3）找到"K 线叠加"。

（4）单击"添加叠加"。

（5）添加"上证指数"。

以下案例皆是以常用的通达信软件为例的叠加图。

经典案例一　图 8-1 福建水泥（股票代码 600802）

　　图 8-1 所示为福建水泥与大盘走势叠加的日 K 线图。图中交易页面出现了两条不同颜色的 K 线走势图，其中浅灰色的为上证指数的 K 线走势图，深黑色的为个股的 K 线走势图。位于方框中的个股走势就是同步于大盘的，大盘涨跌决定它的涨跌，赚钱效应有点靠天吃饭的意思。

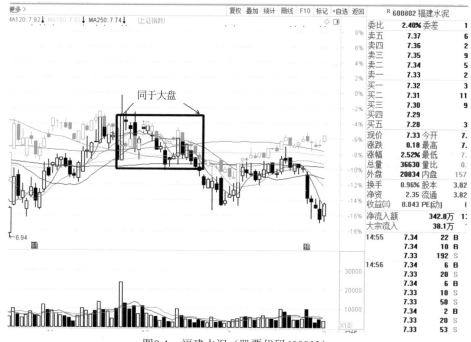

图8-1　福建水泥（股票代码600802）

经典案例二　图 8-2 新奥股份（股票代码 600803）

　　图 8-2 所示为新奥股份与大盘走势叠加的日 K 线图。图中交易页面出现了两条不同颜色的 K 线走势图，其中浅灰色的为上证指数的 K 线走势图，深黑色的为个股的 K 线走势图。2018 年 10 月 29 日以后，该股 K 线一直在大盘指数下方运行，这样的个股走势就是弱于大盘，大盘涨它不怎么涨，大盘跌它比大盘跌得更狠。实际操作中，一定要远离这种 K 线走势弱于大盘走势的个股，以免忍受长期套牢或久久等待也不启动的煎熬。

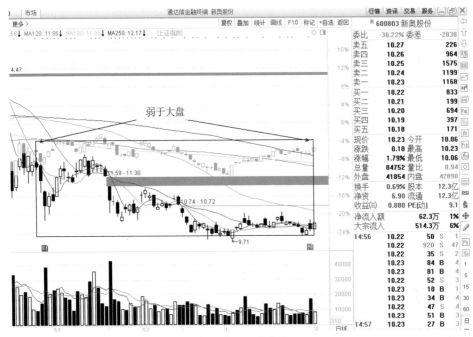

图8-2　新奥股份（股票代码600803）

📊 经典案例三　图 8-3 安图生物（股票代码 603658）

图 8-3 所示为安图生物与大盘走势叠加的日 K 线图。2018 年 11 月 13 日之前安图生物的股价走势是弱于大盘指数的，后来主力通过一个月的运作试图突破年线，终于与大盘同步，但是 2018 年 12 月 7 日随着一根放量大阴线的出现又把股价拉回到远离大盘的水平，继续弱于大盘。

📊 经典案例四　图 8-4ST 天业（股票代码 600807）

图 8-4 所示为 ST 天业与大盘走势叠加的日 K 线图。2018 年 10 月 24 日以后，该股股价一直在大盘指数的上方运行，明显强于大盘，属于走势向好的强势股，该股主力拉高建仓后，强势的横盘震荡，但是股价并没有大幅下挫，之后用连续的涨停板向上攻击，走出了一波强势行情。

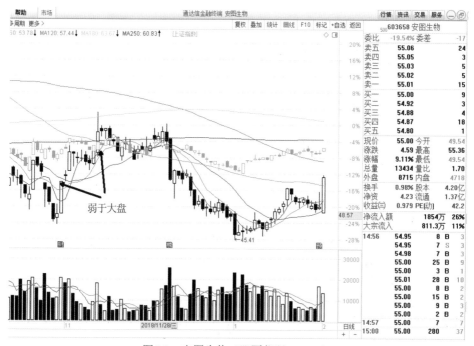

图8-3 安图生物（股票代码603658）

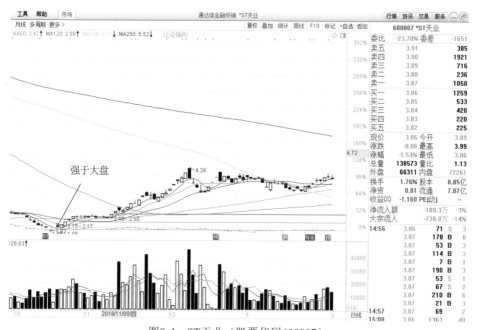

图8-4 ST天业（股票代码600807）

经典案例五　图 8-5 东方通信（股票代码 600776）

图 8-5 所示为东方通信与大盘走势叠加的日 K 线图。东方通信的主力通过连阳建仓慢慢回升到大盘走势之上，之后缩量轻度洗盘，在 2018 年 11 月 27 日拉出一个涨停板以后，该股便一直运行在大盘指数的上方，明显地强于大盘。之后该股在 5G 概念的助力下依次突破 180 日均线和 250 日均线等重要关口的压力位，屡创新高，走出了连续的涨停板行情。

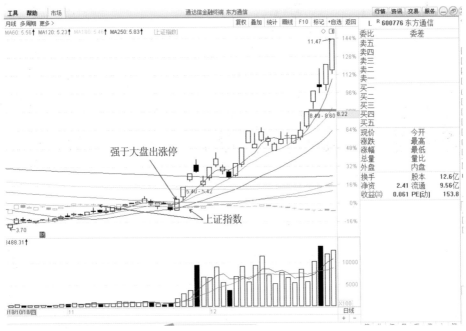

图8-5　东方通信（股票代码600776）

经典案例六　图 8-6 宝德股份（股票代码 300023）

图 8-6 所示为宝德股份与大盘走势叠加的日 K 线图。2018 年 9 月 11 日之前，原来一直运行在大盘指数下方的该股 K 线突然发力跳空高开，用一个一字涨停板强势站在了大盘指数之上，说明股价走势开始强于大盘，随后连续拉出多个涨停板，股价短期便走出了翻倍行情。

图8-6　宝德股份（股票代码300023）

📊 **经典案例七　图 8-7 欣天科技（股票代码 300615）**

图 8-7 所示为欣天科技与大盘走势叠加的日 K 线图。2018 年 12 月 24 日之后，该股的 K 线就一直运行在大盘指数的上方，说明强于大盘，经过几天震仓、洗盘之后便连续拉出几个涨停板。

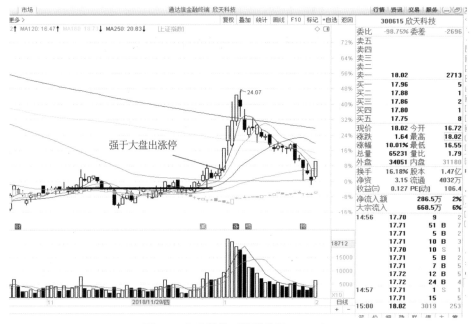

图8-7　欣天科技（股票代码300615）

📈 **经典案例八　图8-8 深赛格（股票代码000058）**

图8-8所示为深赛格与大盘走势叠加的日K线图。自从2018年11月13日主力用一个涨停板强势突破120日均线重要压力位之后，该股的K线就一直运行在大盘指数的上方，说明强于大盘，后来连续收出三个T字形涨停板，庄家实力可见一斑，短短几天，股价涨幅便高达50%以上。

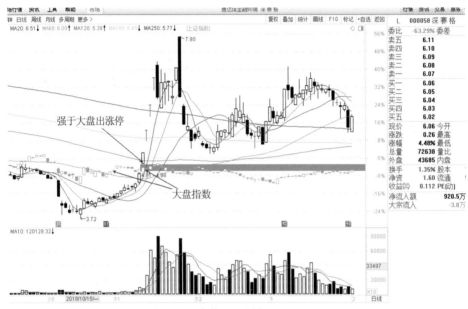

图8-8　深赛格（股票代码000058）

📈 **经典案例九　图8-9 华正新材（股票代码603186）**

图8-9所示为华正新材与大盘走势叠加的日K线图。自从2018年11月12日主力用一个涨停板强势突破60日均线重要压力位之后，该股的K线就一直运行在大盘指数的上方，说明强于大盘，横盘整理2个月以后，股价再次启动，一个月便走出了60%以上的大涨行情，可见强于大盘的重要性。

📈 **经典案例十　图8-10 华鑫股份（股票代码600621）**

图8-10所示为华鑫股份与大盘走势叠加的日K线图。2018年10月25日主力用一个涨停板站到大盘走势的上方，改变了弱于大盘的预势，随后

同步大盘横盘几天，然后便开始了它的上涨之旅，期间涨幅超过 30% 以上，直到股价遇到 250 日均线重要压力位才开始回调。

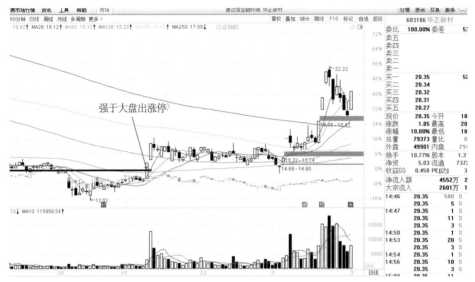

图8-9　华正新材（股票代码603186）

图8-10　华鑫股份（股票代码600621）

　　本章小结：股市最简单、最有效的赚钱方法就是根据题材热点和叠加大盘的 K 线走势，捕捉强于大盘的强势股。

第九章

集合竞价
找涨停

集合竞价是将数笔委托报价或一段时间内的全部委托报价集中在一起，根据不高于申买价和不低于申卖价的原则产生一个成交价格，且在这个价格下成交的股票数量最大，并将这个价格作为全部成交委托的交易价格。

2006年7月1日，深沪证券交易所实施开放式集合竞价，即在集合竞价期间，即时行情实时揭示集合竞价参考价格。开放式集合竞价时间为9：15～9：25。深证14：57～15：00，即时行情显示内容包括证券代码、证券简称、前收盘价格、虚拟开盘参考价格、虚拟匹配量和虚拟未匹配量；9：15～9：20可以接收申报，也可以撤销申报，9：20～9：25可以接收申报，但不可以撤销申报。集合竞价主要是产生了开盘价，接着股市会进入连续买卖阶段，因此有了连续竞价。集合竞价中没有成交的买卖指令继续有效，会自动进入连续竞价等待合适的价位成交。

集合竞价具体而言，就是在当天还没有开盘之前，中小投资者可根据前一天的收盘价和对当日股市的预测来输入股票价格，在集合竞价时间里下单，按照价格优先、时间优先和大单优先的原则计算出最大成交量的价格，这个价格就是集合竞价的成交价格，而这个过程被称为集合竞价。9：25以后，就可以看到各股票集合竞价的成交价格和数量。有时某种股票因买入者给出的价格低于卖出者给出的价格而不能成交，那么，9：25后该股票的成交价一栏就是空的。当然，有的公司因为要发布消息或召开股东大会而停止交易一段时间，那么集合竞价时该公司股票的成交价一栏也是空的。

集合竞价是按照最大成交量的价格成交的。对于普通股民来说，在集合竞价时，只要打入的股票价格高于实际的成交价格就可以成交，当然，如果按涨停价买或按跌停价卖则保证优先成交。所以，中小投资者如果希望在集合竞价时优先买到股票，通常可以把价格打得高一些，目的是获得优先成交权。另外，中小投资者买入股票的数量不会很大，一般不会对该股票的集合竞价价格产生影响。

集合竞价由电脑交易处理系统对全部的申报按照价格优先、时间优先的原则排序，并在此基础上，找出一个基准价格，使它同时能满足以下三个条件。

（1）成交量最大。

（2）高于基准价格的买入申报和低于基准价格的卖出申报全部满足（成交）。

（3）与基准价格相同的买卖双方中有一方申报全部满足（成交），该基准价格即被确定为成交价格。集合竞价方式产生成交价格的全部过程，完全由电脑交易系统进行程序化处理，并将处理后所产生的成交价格显示出来。

这里需要说明的有以下两点。

第一，集合竞价方式下，价格优先、时间优先和大单优先的原则体现在将所有的买入和卖出申报按价格由高到低排出序列，同一价格下的申报原则按电脑主机接受的先后顺序排序。

第二，集合竞价过程中，两个以上申报价格符合上述三个条件的，上海证券交易所使未成交量最小的为成交价格，仍有两个以上是未成交量最小的申报价格符合上述条件的，以中间价为成交价。深交所取距前收盘价最近的价格为成交价。"使未成交量最小的为成交价格"这句话的意思是，按照基准价成交后，还剩下未成交的量最小的为成交价格，就是累计买与累计卖的差的绝对值最小。

如何通过集合竞价来判断股票的强弱及趋势方向呢？集合竞价的时间是9：15～9：30，这15分钟其实分为三个阶段，每个阶段所代表的意义都不同。

第一个阶段9：15～9：20，这5分钟是开放式集合竞价阶段，中小投资者可以随意委托买进和卖出并可以随时撤单，此时的量有很多虚假成分，不可全信。因为很多主力会在9点19分30秒左右把之前挂出的大量的单子撤掉，若中小投资者在这5分钟内根据量能多寡来下单买入，就极有可能被主力蒙骗。主力经常使用这种先挂大买单堆砌能量引诱不明真相的中小投资者进场挂单买入，然后在最后1秒撤单，让中小投资者因反应不及时而成为接盘客。所以9：19之后，9：20之前的这1分钟是一个非常关键的时间节点，是分析主力当日动向的重要方向标。

第二个阶段9：21～9：25，这5分钟也非常重要，这5分钟内的开放式集合竞价可以输入委托买进和卖出的单子，但不能撤单，在这5分钟内的撤单是无效的，也就是说在这5分钟所看到的委托皆是真实的，这5分钟内的量能及价格变化都是真实有效的，不会有虚假成分。集合竞价的开盘价会在9：25得以确定。

第三个阶段9：26～9：30，在这5分钟内，可以挂单，也可以撤单，但指令不会被执行，所有的指令都在通路中，直到9：30后才会执行这5分钟内的所有指令。因此，严格来讲，在开盘前的这最后5分钟算不上集合竞价，它只能算作一个给投资者考虑开盘后如何进行买卖的准备时间。

需要明确的一点是，9：25才是集合竞价期间唯一一次真正的成交，是以电脑统计后市场买卖双方能够得到的最大成就量的价格来撮合的成交，电脑会显示出此时成交的笔数。正是因为如此，如果中小投资者想买入一只股票，可以直接挂涨停价买入；如果中小投资者想卖出一只股票，也可以直接挂跌停价，这样基本都可以买到或抛出，而且它的实际成交价格并不是中小投资者所挂的涨停价或跌停价，而是9：25成交的那个大众报价后统一协定的价格，也就是开盘价，集合竞价之前所有人挂的单均以这一个价格成交。只有股价是以涨停板和跌停板开盘的情况下，挂涨停或跌停才有可能不予成交。因为集合竞价期间，执行价格第一优先、时间第二优先的原则。投资高手可以充分利用9：25这个时间点卖出股票，然后再在9：26～9：30买入另一只股票。

中小投资者完全可以利用集合竞价这个时间点的成交特征去考量自己已经放在股票池中并重点关注的股票，从集合竞价的形态中选出即将大涨的股票。作者根据实战经验总结出，所有大涨或者涨停的股票都符合9：30之前探底形态和集合竞价一字形态。

📊 经典案例一　图9-1 德联集团（股票代码 002666）

图9-1所示为德联集团某一天的集合竞价图。9：15集合竞价开盘股价就直线下跌，但此时的挂单并非主力真实的买卖意图；9：20以后，主力又把股价拉回到昨日收盘价，这才体现出主力真实的买卖意图，同时这也说明了股价在开盘的直线下跌是主力在试探下方的支撑力度，探明支撑后，主力

再次用一字尾盘上翘的经典形态说明有更多的资金看好该股。事实上也是，开盘后股价便低开高走一路上扬，待天线二次上穿人线时买入，果不其然，当日便将涨停板如期收入囊中。

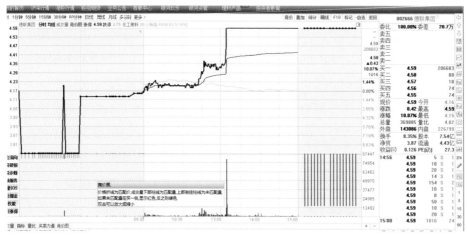

图9-1　德联集团（股票代码002666）

经典案例二　图9-2星辉娱乐（股票代码300043）

图9-2所示为星辉娱乐某一天的集合竞价图。9：15集合竞价开盘后股价就开始上攻，高于前一日收盘价，9：20以后，主力用一字形集合竞价的经典形态将股价维持到9：30的开盘，说明有更多的资金看好该股，那么这条集合竞价线也就有了强大的支撑作用。果然，开盘后股价便高开高走一路上扬，盘中天线一直运行在人线上方，股价当日如期涨停。

经典案例三　图9-3泰胜风能（股票代码300129）

图9-3所示为泰胜风能某一天的集合竞价图。9：15集合竞价时股价开盘迅速下探旋即开始上攻并高于前一日收盘价，9：20以后，主力用一字形集合竞价的经典形态将股价维持到9：30的开盘价，说明多空双方都认可这个价格，那么这条集合竞价线也就有了强大的支撑作用。开盘后股价便高开高走一路上扬，不到10：30便封死涨停板，虽然盘中涨停板曾经打开一段时间，但是天线一直围绕着人线上下运行，洗盘意图明显。果不其然，

下午封死涨停板，此涨停板是洗盘型涨停板，当天若在集合竞价时选出该股，根据其集合竞价的形态锁定它，并在开盘时买入，当天 8% 以上的收益就会收入囊中，这样的个股除非第二天跌停开盘，否则都会有溢价。

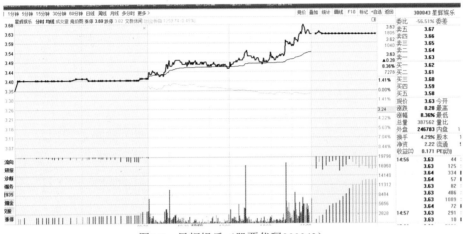

图9-2　星辉娱乐（股票代码300043）

图9-3　泰胜风能（股票代码300129）

经典案例四　图 9-4 宇顺电子（股票代码 002289）

图 9-4 所示为宇顺电子某一天的集合竞价图。9：15 集合竞价开盘，和前一日收盘价一样，一直保持到了 9：25 左右，然后尾盘微微上翘，高于

前一日开盘价，说明有更多的资金看好该股，那么这条集合竞价线也就有了强大的支撑作用。开盘后股价便高开高走一路上扬，于下午尾盘封死涨停板。

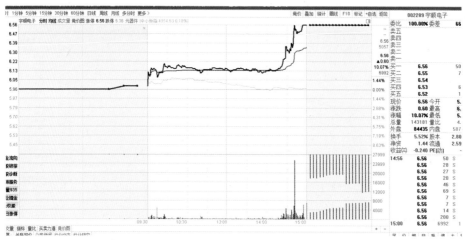

图9-4　宇顺电子（股票代码002289）

📊 **经典案例五　图9-5 华联综超（股票代码600361）**

图9-5所示为华联综超某一天的集合竞价图。9：15集合竞价开盘，比前一日收盘价高了一点点，这个一字集合竞价经典形态一直保持到了9：25左右，然后尾盘微微上翘，高于前一日开盘价，说明主力资金控盘良好，否则是做不到高开的，那么这条集合竞价线也就有了强大的支撑作用。但是开盘后股价便高开低走，此时的集合竞价就有了压力的作用，股价在盘中一度跌破了人线，但是随后随着主力资金的强势介入，天线上穿人线，股价以迅雷不及掩耳之势封死涨停板。

📊 **经典案例六　图9-6 英飞特（股票代码300582）**

图9-6所示为英飞特某一天的集合竞价图。9：15集合竞价开盘股价就开始下探，低于前一日收盘价，但是9：20以后，主力用一字形集合竞价的经典形态将股价维持到9：30的开盘，说明多空双方已经达成共识，都认可了集合竞价时的价格，那么这条集合竞价线也就有了强大的支撑作用，开盘后股价便低开低走一路下跌，过了10分钟，盘中天线随即上穿人线，

开始放量向上攻击，此后天线始终在人线上方高位震荡，强势特征明显，2 小时以后封死涨停板。

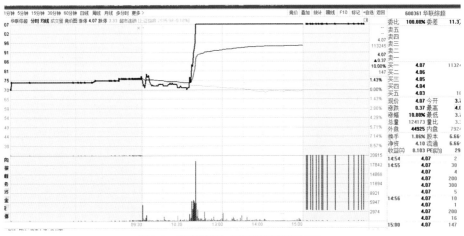

图9-5　华联综超（股票代码600361）

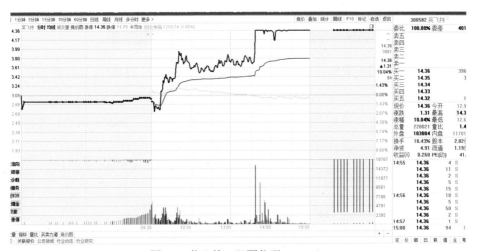

图9-6　英飞特（股票代码300582）

经典案例七　图 9-7 福鞍股份（股票代码 603315）

图 9-7 所示为福鞍股份某一天的集合竞价图。9：15 集合竞价开盘后，主力就用一字形集合竞价的经典形态将股价一直维持到 9：30 的开盘价，说明多空双方认可这个开盘价，那么这条集合竞价线也就有了强大的支撑作用，

开盘后股价便平开高走一路上扬，盘中天线一直在人线上方运行，强势特征明显，股价缓慢震荡上行，上午尾盘 11 点左右，放量拉升封死涨停板。

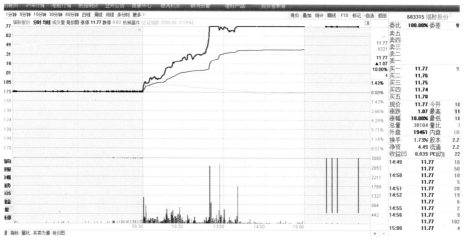

图9-7 福鞍股份（股票代码603315）

📈 **经典案例八 图 9-8 东方日升（股票代码 300118）**

图 9-8 所示为东方日升某一天的集合竞价图。9：15 集合竞价开盘，主力用一字形集合竞价的经典形态将股价维持到 9：30 的开盘价，尾盘股价还微微上翘，说明有更多的资金看好该股，股价高开上涨欲望强烈。果然，开盘后股价便跳空高开高走，不到 50 分钟，便封死涨停板。

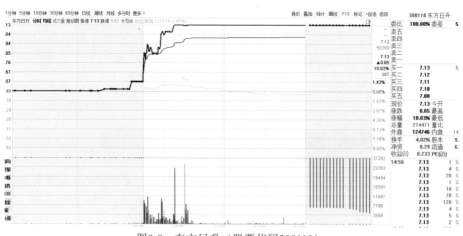

图9-8 东方日升（股票代码300118）

经典案例九 图9-9 嘉澳环保（股票代码603822）

图9-9所示为嘉澳环保某一天的集合竞价图。9：15集合竞价开盘，主力用一字形集合竞价的经典形态将股价维持到9：30的开盘价，说明有更多的资金看好该股。开盘后多方便积极进攻，天线一直在人线上方缓慢运行，14：00主力开始放量拉升并封死涨停板。

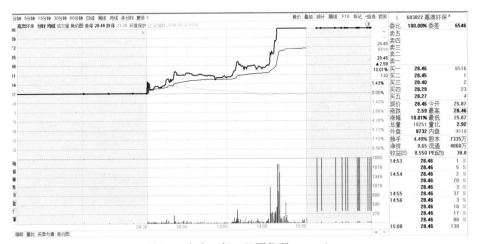

图9-9 嘉澳环保（股票代码603822）

本章小结：9：25左右，迅速将平开或者高开2%以下的个股建成一个板块，并且快速浏览一遍，筛选出一字形的集合竞价形态，再根据股价所处的位置和热点题材精选出自己心仪的个股。一字形集合竞价是股价当日涨停的经典形态，临盘时可以根据其集合竞价的经典形态选出目标股进行重点关注。集合竞价很重要，一字形态要记牢。

第十章 天地人线。抓涨停。

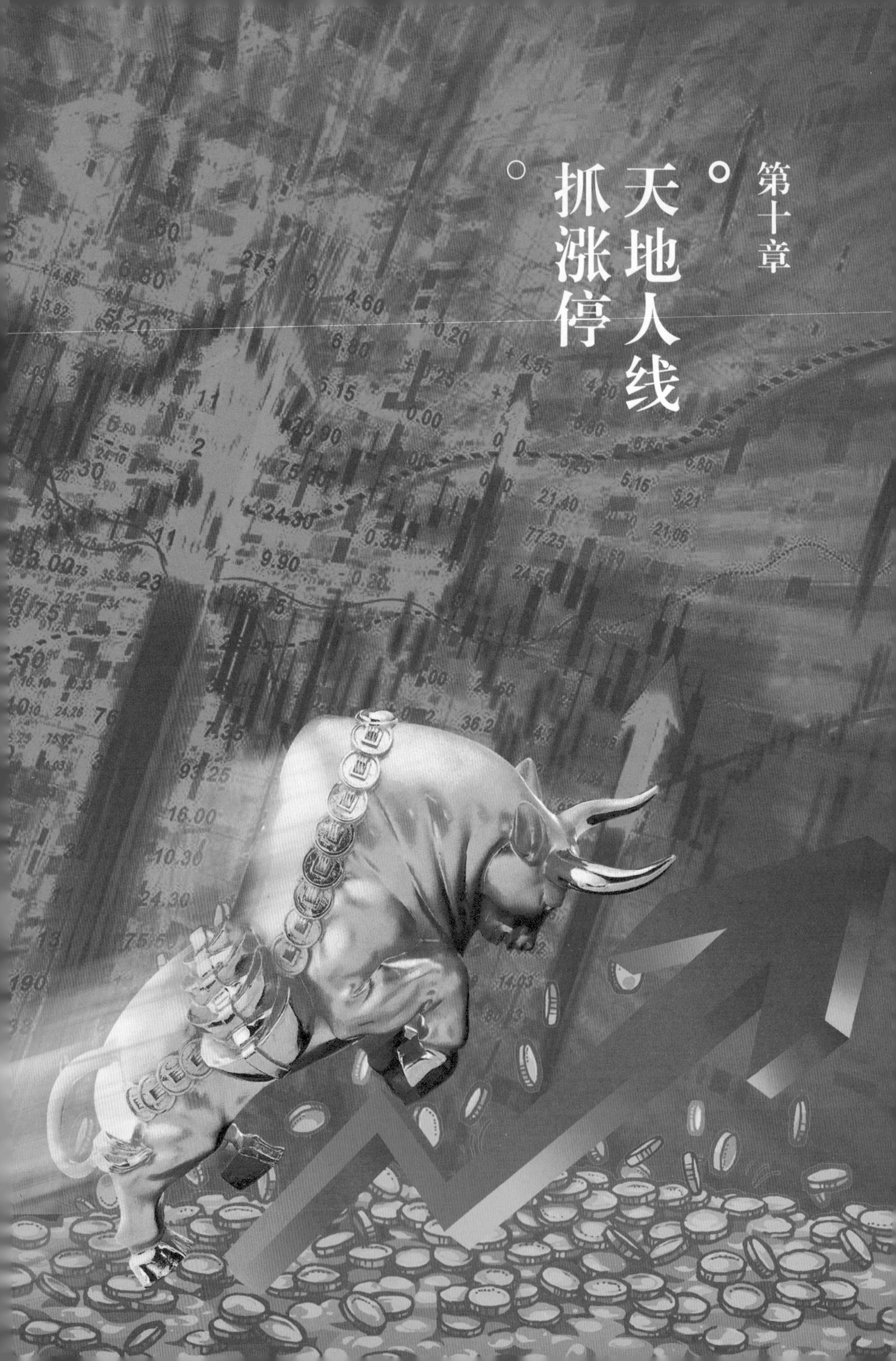

分时图中的天、地、人线。在个股分时图中叠加大盘指数后，个股分时交易页面中就有了白色、黄色和绿色三根线，白色线被称作天线，是分时即价线；黄色线被称作人线，是分时均价线；绿色线被称作地线，是大盘指数线。天线在上、人线居中、地线在下的格局，就是强势股的格局。若天、人、地线交叉错位排列，则不适宜介入。

强于大盘的个股才有可能是强势股，中小投资者可根据个股的分时走势选出当天强于大盘的个股。强于大盘的个股分时图需符合以下五个条件。

（1）第一波拉升必须超过 4%，不超过 4% 不足以表明强庄股拉升的决心。

（2）回调深度不能跌破人线。

（3）回调横盘时间最少超过半小时，时间短则不足以洗掉不坚定浮筹。

（4）再次放量拉升时，成交量大于前一波拉升时成交量的 10 倍。

（5）封涨停板的时间不能迟于 14：20。封板时间太晚则有诱多出货的嫌疑。

📊 经典案例一　图 10-1 胜利精密（股票代码 002426）

图 10-1 所示为胜利精密的分时图。开盘后主力稍微下探便开始拉升，到 9：45 左右第一波拉升已经超过 4%，之后的回调再也没有跌破人线，时间也超过了半小时，然后主力放量 10 倍以上封死涨停板。运用天、地、人线抓涨停这套技术一定要配合 K 线所处的位置，图 10-2 所示为胜利精密当日 K 线所处位置，它正好要突破 120 日均线的重要压力位，盘中正好突破前面颈线位，所以这个分时涨停板就有了格外的意义。

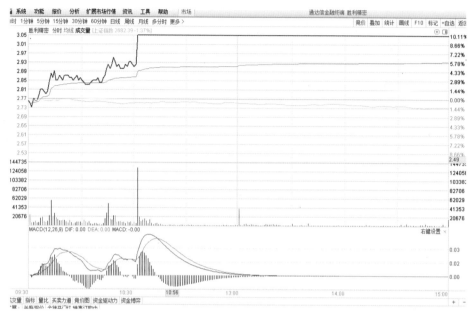

图10-1　胜利精密（股票代码002426）（一）

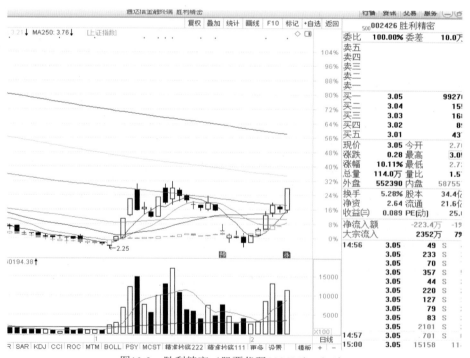

图10-2　胜利精密（股票代码002426）（二）

📊 **经典案例二　图 10-3 京运通（股票代码 601908）**

图 10-3 所示为京运通 2019 年 2 月 1 日分时图。主力在 2019 年 1 月 30 日就用涨停板穿过了除 250 日均线外的所有均线，说明短期成本和中长期成本基本趋于一致，次日股价高开低走收了一个近乎跌停板的大阴线，股价重新回到原点，第三天股价跳空低开高走，到 9：55 左右第一波涨幅便超过 5%，符合第一波拉升必须超过 4% 的要求，且回调不破人线，洗盘时间超过半小时，最后主力放量 10 倍以上，在 10：30 之前就封死了涨停板。

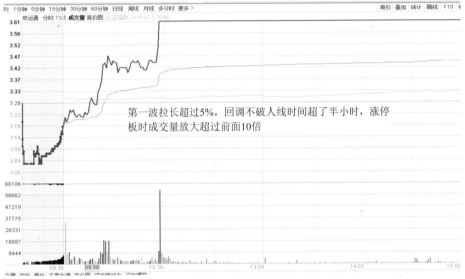

图10-3　京运通（股票代码601908）

📊 **经典案例三　图 10-4 拓日新能（股票代码 002218）**

图 10-4 所示为拓日新能 2019 年 2 月 1 日分时图。主力用一字形集合竞价的经典形态开盘后，股价便平开高走，到 10：05 左右第一波涨幅已超过 5%，符合第一波拉升必须超过 4% 的要求，且回调不破人线，回调洗盘的时间也超过了半小时，最后主力放量 10 倍以上，在 10：30 之前就封死了涨停板。观察当日 K 线所处的位置，如图 10-5，主力在 2019 年 1 月 30 日就用带有上影线的光脚 K 线形态穿过了除 250 日均线以外的所有均线，说明短期成本和中长期成本基本趋于一致，并且股价分

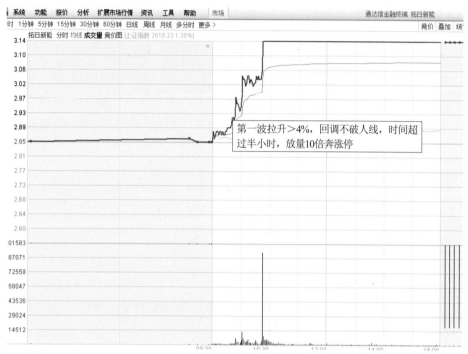

图10-4　拓日新能（股票代码002218）（一）

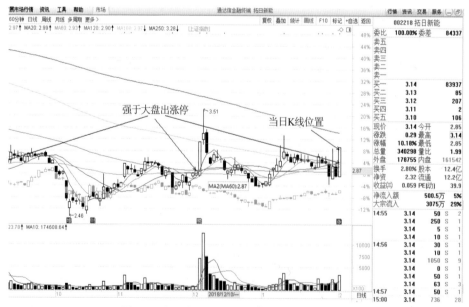

图10-5　拓日新能（股票代码002218）（二）

别在 2018 年 12 月 6 日、2018 年 12 月 10 日两次试探突破 180 日均线重要
压力位，股价在均线密集区这个位置反复清洗浮筹后于 2019 年 2 月 1 日收
出一个涨停板，这个涨停是一阳穿五线的涨停板，意义非凡，其后必有不
错的表现。果然股价此后走出一波大涨行情。

经典案例四 图 10-6 华控赛格（股票代码 000068）

图 10-6 所示为华控赛格 2019 年 2 月 1 日分时图。主力用一字上翘形集
合竞价的经典形态开盘，说明主力做多意愿强烈。开盘后，股价便跳空高
开高走，稍做打压后便震荡上行，到 9：55 左右完成第一波涨幅超过 5% 的
拉升，符合第一波拉升必须超过 4% 的要求，且回调不破人线，回调洗盘时
间也超过半小时，最后主力放量 10 倍以上，在下午 2 点之前就封死了涨停板。
观察该股当日 K 线所处的位置，如图 10-7 所示为华控赛格股价走势 K 线图，
主力在 2019 年 1 月 30 日已经走出了六连阴的走势，并且最后一根阴线是
跳空跌，说明空方已经是强弩之末，再加上前面的低点支撑，这个位置很
容易再次出现涨停板。因为一般主力不到迫不得已的时候是不会跌破自己
的成本价的，由于这种特性，次日再根据集合竞价选股和分时抓涨停板的
操作技巧是很容易捕捉到后面的涨幅。

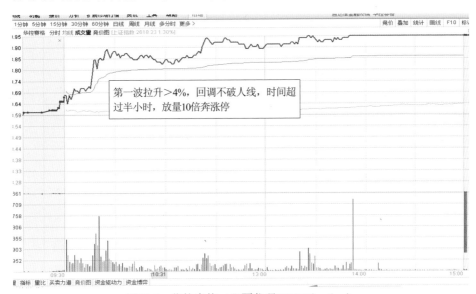

图10-6 华控赛格（股票代码000068）（一）

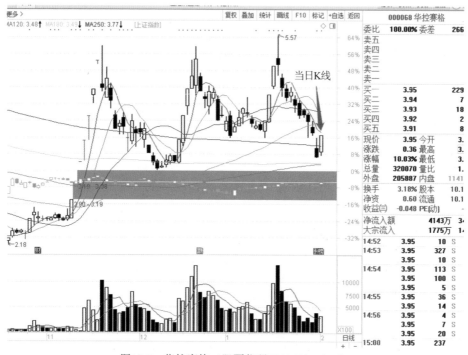

图10-7　华控赛格（股票代码000068）（二）

📈 **经典案例五　图 10-8 华正新材（股票代码 603186）**

图 10-8 所示为华正新材在 2019 年 1 月 21 日的分时走势图。从华正新材分时走势图可以看到该股符合天、地、人线抓涨停板条件；从 K 线所处的位置来看，该股股价没有回补前面一字涨停板时留下的跳空缺口，说明这个缺口的支撑是有效的，同时近几天的股价没有跌破 10 日均线，并且该涨停板一举拿下了 250 日均线的重要压力位，一鼓作气走出了连续三个涨停板的大涨行情。

📈 **经典案例六　图 10-9 华正新材（股票代码 603186）**

图 10-9 所示为华正新材在 2019 年 1 月 11 日的分时走势图。这个涨停板似乎也走出了类似分时天、地、人抓涨停板的技术走势，但其后的涨势却不太理想。究其原因是尾盘封涨停板的时间太晚，已经在 14：50 之后，所以有诱多的嫌疑。细节决定成败，一个关键的条件不符合就会导致满盘皆输。

图10-8　华正新材（股票代码603186）（一）

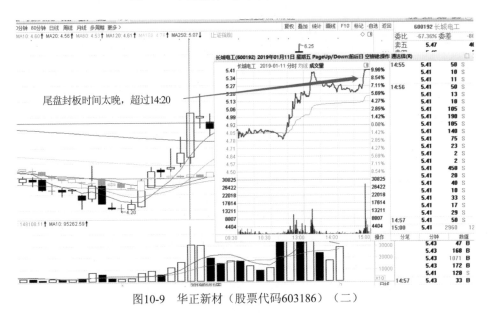

图10-9　华正新材（股票代码603186）（二）

　　本章小结：选股看均、K线，持股看筹码，买卖看分时。其中分时很重要，通过集合竞价选股，根据分时情况捕捉涨停板，只有看懂盘口语言才能抓住个股更好的介入时机。

第十一章

深谋远虑
打首板

作为中小投资者，如果炒股能够经常打到首个涨停板，那是所有股民梦寐以求的事。凡事皆有因果，涨停板的出现大部分是有逻辑存在的，只要弄清涨停板容易出现的位置，抓到涨停板的概率就大大提高了。那么，几千只股票，如何才能判断个股的首板即将出现在什么位置呢？

首先，超跌的位置最容易出涨停板。个股在主力资金进场并且高度控盘后尚未经过大幅拉升，就突遇一些利空消息或大盘环境突然变得极为恶劣时，股价就会突然暴跌，甚至是以连续的一字跌停的方式无量下跌，因为下跌时成交量小，主力资金无法出逃或主力资金根本不想出逃，于是在股价超跌后，主力因为自救往往会快速拉升股价上涨，并且以连板的方式回升到前期高点或更高处。

其次，突破重要压力位的位置。重要压力位主要是指60日均线、120日均线、250日均线等中长期均线的位置。在这些位置上往往会遇到一些急于解套的中长期投资者的抛压。一旦股价敢于解放中长期套牢盘、突破这些压力位，就说明这只股票是资金实力雄厚的强庄操作的股票，是强势资金进场的重要标志。跟庄就要跟强庄，跟强庄股既安全又快速，赚钱效应明显。

一、双零抄底打首板

双零抄底是指股票经过长期或者大幅下跌后，股价在相对的底部出现类似于A.AA，A.BB，AB.AB，AB.BA，AB.CD，AB.BB，AA.AB等结构的神奇数字组合，第二天股价低开高走、平开高走或者高开高走时，阶段性的底部已经显现。如图11-1中的9.88元就是A.BB的数字组合，图11-2中的8.88元就是A.AA的数字组合。

📊 **经典案例一 图 11-1 特力 A（股票代码 000025）**

图 11-1 所示为特力 A 在一段时间内的股价走势 K 线图。随着股灾 1.0版的大幅杀跌，个股也有了超跌反弹的需求，特力 A 就是在 2015 年 7 月9 日率先止跌企稳的。它在当日以跌停板开盘，跌停板打开后股价迅速上扬，并走出了由跌停板开盘到涨停板收盘的地天板 K 线形态，随后股价便一发不可收拾，创造了当年最大涨幅的奇迹，成就了特力 A 一代"妖股"的美名。特力 A 的股价所出现的最低价 9.88 元就是 A.BB 型数字组合的双零抄底信号。

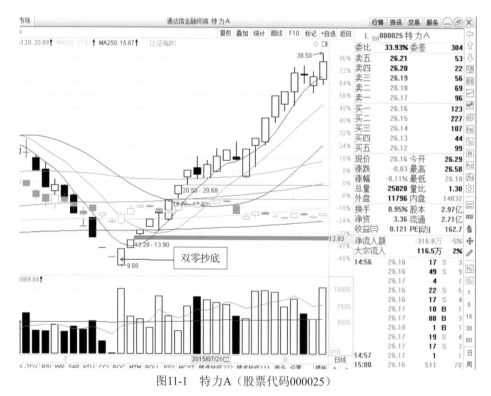

图11-1 特力A（股票代码000025）

📊 **经典案例二 图 11-2 红星发展（股票代码 600367）**

图 11-2 所示为红星发展在一段时间内的股价走势 K 线图。随着主力一波超过 25% 的大阴线震仓洗盘，2016 年 5 月 12 日，一根 T 字形 K 线出现

了止跌企稳的信号，同时其最低价 8.88 元也是 A.AA 型数字组合的双零抄底信号。止跌企稳、双零抄底信号在同一天出现，增加了其次日继续上涨的概率。果不其然，主力用连续三个涨停板甩开了大部分中小投资者，一路狂奔，在弱势行情下走出了三个月翻倍的好成绩。

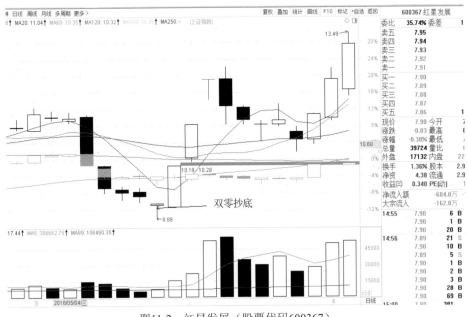

图11-2　红星发展（股票代码600367）

📈 经典案例三　图 11-3 延安必康（股票代码 002411）

图 11-3 所示为延安必康在一段时间内的股价走势 K 线图。延安必康经过连续 6 个交易日的无量一字跌停板，股价已经腰斩。2018 年 11 月 29 日，主力用一个跌停板开盘，倒锤头 K 线的出现说明盘中有大资金进入，其成交量的急剧放大，也证明了确实有大量资金进入，股价有了反攻的迹象。次日股价再次低开高走，并且以最低价 15.19 元探底回升，15.19 元是近似于 AB.AB 结构的双零抄底信号，股价在当日走出了否极泰来的地天板暴涨 K 线形态，此后股价一路飙升，又连续拉出 4 个涨停板，期间涨幅高达 50%。

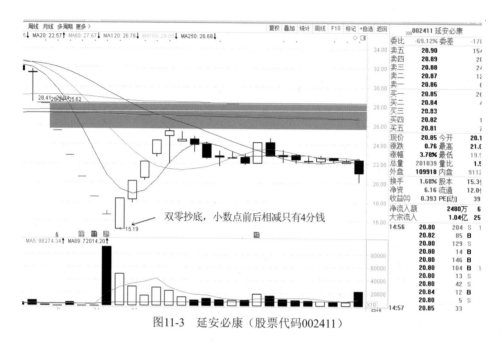

双零抄底，小数点前后相减只有4分钱

图11-3　延安必康（股票代码002411）

温馨提示： 首板是如何选出来的呢？首先，打开"选股器"找到"条件选股"并打开，找到"C102"即"N日内创新低"，将其参数设置成"60"，单击"加入条件"，进行选股，选股入板块时新建一个板块，然后执行选股；在板块中再加上当天的跌停板，这就是第二天双零抄底的股票池。第二天，一旦盘中出现双零抄底信号，并且集合竞价以及分时图都符合抓涨停板的图形特征，就可以轻仓试探，待到持股次日股价再次符合技术图形时，再加仓买入。

二、生命线上打首板

生命线即60日均线。

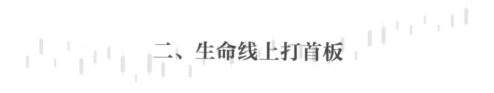

经典案例一　图11-4 华正新材（股票代码603186）

图11-4所示为华正新材在一段时间内的股价走势K线图。2018年11月2日，5日均线、10日均线和20日均线高度黏合在一起，说明短期主力上攻

欲望明显。同时股价又稳稳地站在了 20 日均线之上，主力的下一个攻击目标就是 60 日均线。因为该股曾经在 7 月 18 日用涨停板突破过 60 日均线，又在 9 月 7 日再次试探突破 60 日均线，事不过三，中小投资者可在 60 日均线设置预警信号，只待股价突破之时就可以择机买入。2018 年 11 月 12 日，股价成功地用涨停板突破了 60 日均线的重要压力位，次日又是涨停板，股价直到出现 22.22 元的 AA、BB 双零逃顶结构才算结束。

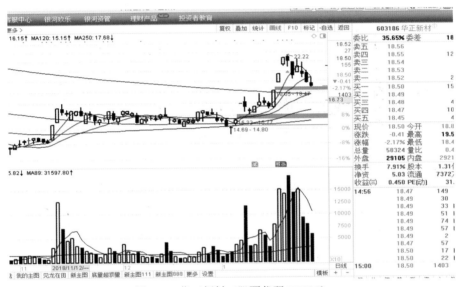

图11-4　华正新材（股票代码603186）

经典案例二　图 11-5 珠海中富（股票代码 000659）

图 11-5 所示为珠海中富在一段时间内的股价走势 K 线图。2018 年 8 月 10 日，主力用一根涨停板强势突破了 5 日均线、10 日均线和 20 日均线三根短期线，并且小三线高度黏合形成了三军会师的暴涨形态，次日收出一根带有长上影的 K 线，其最高点触碰到 60 日均线的压力位后开始回落，试探出了 60 日均线有压力，但是其收盘价一直在昨日涨停板的上方，这说明该股是强庄运作，涨停板的收盘价作为有效支撑成立。果然，第三天主力用与昨日平齐的 2.46 元最低价再次证明了自己已经高度控盘，当日盘中股价势如破竹、一气呵成地突破了 60 日均线的重要压力位，连续拉出两个涨停板后，遭遇到 120 日均线压力开始回调，尽管如此，其短期内的涨幅也是非常可观的。

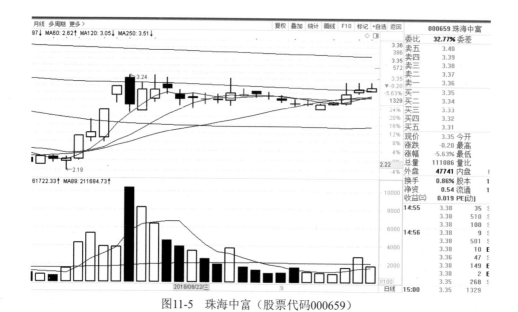

图11-5　珠海中富（股票代码000659）

经典案例三　图11-6 华金资本（股票代码000532）

2018年11月5日，主力用一根涨停板强势突破了60日均线的重要压力位，加上科创板即将推出的利好，在龙头股市北高新的带领下，股价也是一路高歌猛进，两周的时间也走出了70%的涨幅。

图11-6　华金资本（股票代码000532）

三、半年线上打首板

📊 **经典案例一 图 11-7 西安旅游（股票代码 000610）**

图 11-7 所示为西安旅游在一段时间内的股价走势 K 线图。从 2018 年 10 月 19 日到 11 月 13 日，主力经过 18 个交易日的用振幅很小的十字星精心吸筹，期间只收出了 4 根缩量阴线，可见主力的操盘计划是有组织有预谋的。2018 年 11 月 6 日曾经试图突破 60 日均线的重要压力位，并且 5 个交易日以后强势突破了 60 日均线的重要压力位，随后股价连续突破 180 日均线和 250 日均线等重要压力位，股价不到一个月就翻了 1 倍多。

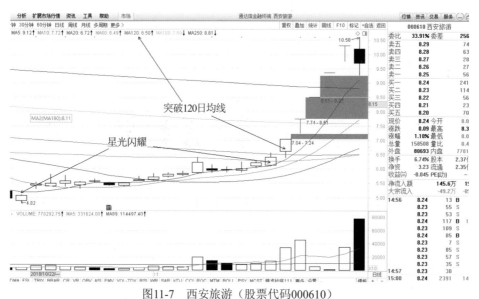

图11-7　西安旅游（股票代码000610）

📊 **经典案例二 图 11-8 电广传媒（股票代码 000917）**

图 11-8 所示为电广传媒在一段时间内的股价走势 K 线图。电广传媒的股价经过一波长期的下跌之后，筹码已经足够便宜，主力自然不会放过这个

好机会，于是用一组星光闪耀的暴涨形态完成了限价吸筹，收盘价也走出了5天步步高升的主力高度控盘走势，用连续两个涨停板突破了60日均线的重要压力位后，留下了一个向上的跳空缺口，之后主力用高开低走的大阴线洗盘三天，却没有回补缺口，说明缺口的支撑有效且是强庄踩顶的洗盘形态。"缺口不补，后市如虎"，果不其然，2018年11月12日，主力再次发力上攻，用涨停板一举强势突破120日均线的重要压力位，仅仅一个多月的时间就走出了翻倍行情。

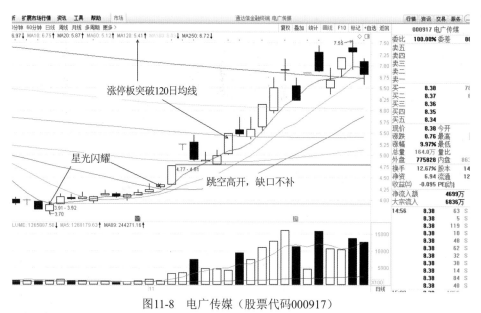

图11-8　电广传媒（股票代码000917）

经典案例三　图11-9 全柴动力（股票代码600218）

图11-9所示为全柴动力在一段时间内的股价走势K线图。2019年1月14日，主力用跳空一字涨停板一举突破120日均线的重要压力位，次日的涨停板又突破了250日均线的重要压力位，两个涨停板联袂演出了一波波澜壮阔的行情，后面惊人的涨幅让人叹为观止，不到30个交易日便走出了上涨2倍行情。

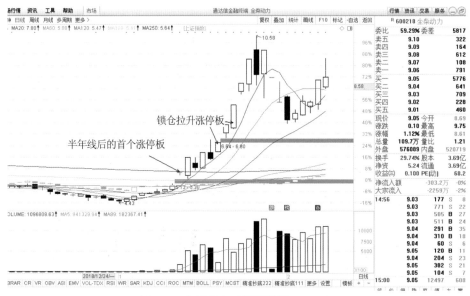

图11-9　全柴动力（股票代码600218）

四、过年线后打首板

经典案例一　图 11-10 中国一重（股票代码 601106）

图 11-10 所示为中国一重在一段时间内的股价走势 K 线图。2019 年 2 月 13 日，主力用一根上影线试探年线附近的抛压，然后用两个缩倍量的小阴线再次给人以上涨无力的假象，用连续 4 个十字星线洗盘一周以后，主力用跳空一线天彰显了它的强势和高度控盘，盘中迅速拉升至涨停板，并一举突破 250 日均线的重要压力位，次日再次用高开高走的涨停板接力。2019 年 3 月 1 日，股价又出现了否极泰来的暴涨形态组合，之后可能还会出现新高。

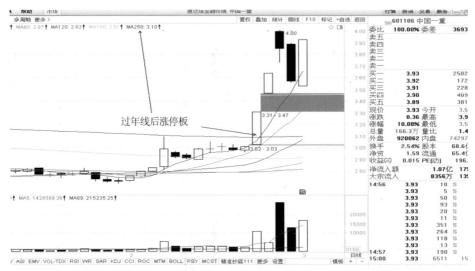

图11-10　中国一重（股票代码601106）

📈 **经典案例二　图 11-11 国风塑业（股票代码 000859）**

图 11-11 所示为国风塑业在一段时间内的股价走势 K 线图。国风塑业的股价经过长达一个多月的多条均线黏合蓄势，2019 年 1 月 10 日，主力用一根上影线试探年线附近的抛压。2019 年 2 月 12 日，借着春节期间柔性屏概念的发酵，然后用涨停板一举突破 250 日均线的重要压力位，强势特征明显。次日便再也没有给中小投资者任何机会，直接用连续的一字涨停板一步登天，上演了丑小鸭瞬间变成白天鹅的神话，让人不免感叹股市的神奇。

📈 **经典案例三　图 11-12 华映科技（股票代码 000536）**

图 11-12 所示为华映科技在一段时间内的股价走势 K 线图。2019 年 2 月 20 日，主力借着春节期间柔性屏概念的发酵，直接用涨停板一举突破 250 日均线的重要压力位，次日又高开高走，四连板的行情让人叹为观止。

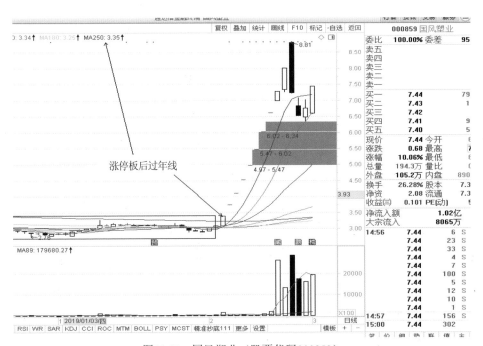

图11-11　国风塑业（股票代码000859）

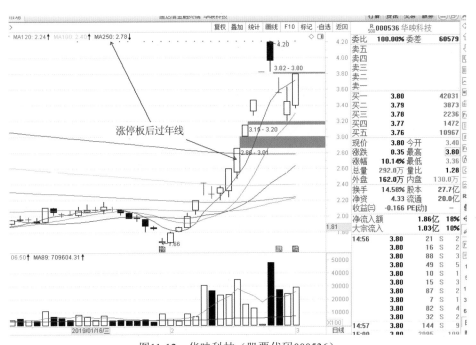

图11-12　华映科技（股票代码000536）

本章小结：突破重要压力位的涨停板要特别注意，尤其 60 日均线、120 日均线和 250 日均线以及前高的位置。因为这些位置都聚集了大量的套牢筹码，是关键的套牢筹码密集区，主力如果敢于解放这些压力位的套牢筹码，一定是资金雄厚的强庄，跟上这样的强庄主力才能赚得盆满钵满。

第十二章

三足鼎立
准涨停

"三足鼎立"出自《史记·淮阴侯列传》，比喻三方面对立的局势，常比喻三国时期。在这里是用三个涨停板代替三条腿来支撑起未来的股价。

经典案例一　图 12-1 科力尔（股票代码 002892）

图 12-1 所示为科力尔在一段时间内的股价走势 K 线图。2018 年 8 月 21 日—9 月 26 日，主力在半年的时间内在同一个位置间歇性地拉出了三个涨停板，期间还有一个 9 月 17 日的涨停板炸板，三足鼎立的暴涨形态确立。由于这些涨停板都在一个较窄的箱体之内，所以可以确定这几个涨停板是吸筹性质的，主力建仓意图明显，也彰显了主力收集筹码的实力和决心。随后，股价在最后一个涨停板的中下部位更小的箱体内继续进行窄幅震荡，这是主力故意制造的股价上涨无力的假象，是主力用来迷惑中小投资者交出手中低价筹码的手段，同时主力动用"磨"字诀来洗掉持股不坚定的中小投资者。清洗完毕后，2018 年 12 月 13 日主力用一个涨停板一举突破 120 日均线重要压力位，疑似要突破，但是次日股价的低开低走暴露了主力佯装进攻的意图，于是股价再次窄幅震荡。因为主力在这个价位已经运作了很长时间，投入了大量的真金白银和人力，不可能再跌得更深，否则劳动成果会被别人唾手而得。经近两个多月的横盘，2019 年 2 月 15 日和 2019 年 2 月 18 日主力再也按捺不住进攻的冲动，认为进攻时机已经成熟，分别用两个长上影试探突破 250 日均线的重要压力位，同时也用上影线告诉中小投资者，上方抛压很大，等中小投资者很不情愿地交出手中的筹码以后，主力便露出了它狰狞嗜血的面目，开始暴力拉升。

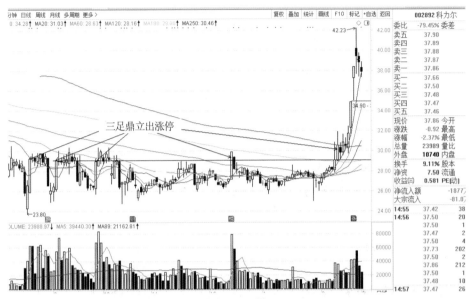

图12-1　科力尔（股票代码002892）

📈 **经典案例二　图 12-2 华自科技（股票代码 300490）**

图 12-2 所示为华自科技在一段时间内的股价走势 K 线图。2018 年 3 月 16 日，主力用连续两个一字涨停板开始了它的暴力收集筹码，在未来的两个半月的时间内收出了 4 个涨停板，并且其中有 2 个涨停板的收盘价在 16 元上下，至 2018 年 5 月 28 日，走出了 3 个涨停板——三足鼎立的走势确立，期间还不包括 5 月 8 日的涨停板，这些密集的涨停板彰显了主力收集筹码的实力和决心。5 月 29 日，股价开盘便高开平走，但是盘中一直没有跌破头一天涨停板的收盘价，然后尾盘迅速封死涨停板，随后更是走出了连续 4 个涨停板的暴涨行情。

📈 **经典案例三　图 12-3 苏州固锝（股票代码 002079）**

图 12-3 所示为苏州固锝在一段时间内的股价走势 K 线图。2018 年 11 月 14 日，主力用涨停板炸板试了试 120 日均线的重要压力位，感觉到有一定的抛压，于是股价开始回调，但是回调幅度较小，始终没有跌破 2018 年 11 月 15 日的跳空缺口，说明这个缺口是有效支撑。2019 年 1 月 9 日和

2019 年 1 月 24 日主力再次在前一个炸板的涨停板收盘价位置出现涨停板，三足鼎立形成，后面的涨停板也就在情理之中了。

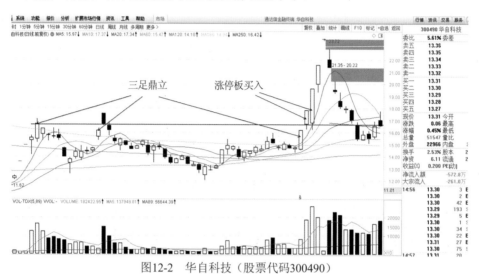

图12-2　华自科技（股票代码300490）

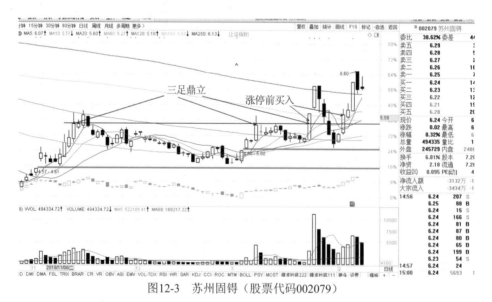

图12-3　苏州固锝（股票代码002079）

📈 **经典案例四　图 12-4 高斯贝尔（股票代码 002848）**

　　图 12-4 所示为高斯贝尔在一段时间内的股价走势 K 线图。主力分别在 2018 年 2 月 6 日、3 月 7 日和 4 月 4 日在相同的位置收出了涨停板，说明

在这个价位有强庄入驻，三足鼎立形成。2018 年 4 月 4 日、4 月 20 日和 5 月 3 日再次出现一组三足鼎立，主力用这么多涨停板暴力吸筹，那么后面的短期大涨也就顺理成章了。

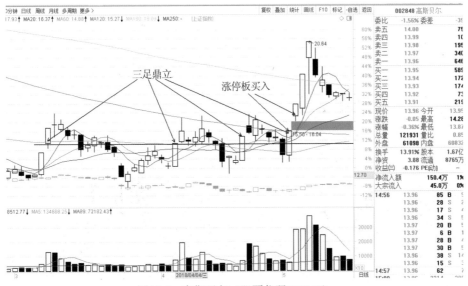

图12-4 高斯贝尔（股票代码002848）

本章小结：股价在同一位置反复出现涨停板，一般而言都是因为主力收集到利好消息，来不及用较长的时间悄悄地、慢慢地吸筹，只能采用用时间换空间的方式在较短时间内获取足够多的筹码，然后快速发动行情。在同一位置反复出现涨停板不拉升股价对中小投资者而言是非常反常的表现，"事出反常必有妖"，所以，一旦出现三足鼎立的反常形态，就要重点关注。

第十三章

龙回头后
再涨停

　　股市有谚语：千金难买龙回头。股市中最高效的获利方式是抓住明星股、人气股、龙头股，因为龙头股往往不止一波，总会再起一波，而且第二波的上涨幅度有时候比第一波还快速、还猛烈。所谓"龙回头战法"，就是指主力资金在大幅拉升股价后，由于短期中小投资者获利丰厚，就有了卖出手中筹码兑现利润的欲望，于是随着股价上升抛盘也就逐渐增多，这时候主力为了减轻后期的拉升阻力或方便出货，就需要在拉升一定涨幅后通过打压股价来达到清洗浮筹的目的；同时也为了吸引部分资金进场，以抬高市场的持股成本达到帮助主力锁仓的目的，而这也就给抄底资金一个买入的机会。由于龙回头是机构和游资的惯用手法，所以，发现有龙回头迹象的股票一定要重点关注。

　　龙回头有以下几个特征。

　　（1）前期股价至少要有三个连续的涨停板，包括第三个涨停板是开板的，跳空高开低走的阴线也可以，但必须是以涨停价开盘的。

　　（2）前期股价的拉升必须有成交量的不断放大，回踩过程中，成交量极度缩量，表示资金没有退场，此时的回踩只是为第二波股价的拉升做准备。也可以是放量，放量证明大量的套牢筹码或者获利筹码卖出，同时主力通过洗盘释放了一部分资金，后期主力必须有再收集行为才能确定主力是在清盘。

　　（3）回调过程中收盘价不能跌破倒数第二个涨停板收盘价。

　　（4）回调必须受到 10 日均线支撑。

　　（5）回调时间最好在 3～5 天，不能超过 8 天。一旦大于 10 个交易日，就很难再次汇聚人气，因为人本身具有很强的遗忘性，其目光很快就会被其他上涨的股票吸引。

　　（6）股价必须再次站稳 5 日均线并且将向下跳空的缺口补上，形成天衣无缝的形态后才可以再介入。

　　（7）量柱必须大于 5 日均量线，量价配合完美使均线顺位。

经典案例一　图 13-1 安彩高科（股票代码 600207）

图 13-1 所示为安彩高科在一段时间内的股价走势 K 线图。随着独角兽概念的持续发酵，安彩高科作为富士康的合作伙伴，主力一定不会放过这样的个股，于是连续三个一字涨停板开启了它的暴涨之旅。2018 年 2 月 22 日，主力跳空高开低走的大阴线就是暴力洗盘的征兆，尤其是其次日的收盘价没有跌破前面拉升时倒数第二个一字涨停板的收盘价，并且股价稳稳地突破 60 日均线的重要压力位，至此，龙回头雏形成立。2018 年 2 月 26 日，主力用一根光头小阳线封堵了前一天的跳空缺口，股价也突破了 120 日均线的重要压力位，当天的成交量柱也大于 5 日均量线，量价配合完美使均线顺位，预示着捕捉龙头股的机会已经到来。果然，次日起股价便开始大幅拉升，在短短不到一个月的时间内就走出了翻倍行情。

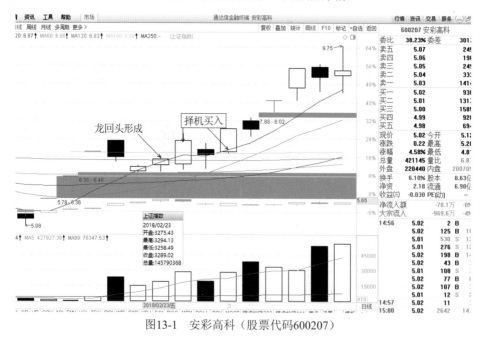

图13-1　安彩高科（股票代码600207）

经典案例二　图 13-2 合肥城建（股票代码 002208）

图 13-2 所示为合肥城建在一段时间内的股价走势 K 线图。合肥城建作为蚂蚁金服的重要参股公司，随着独角兽概念的持续发酵，主力也开始了

暴力拉升。从 2018 年 2 月 22 日开始，通过主力的精心运作，股价用连续三个涨停板分别突破了 60 日均线、120 日均线和 250 日均线三个最重要的压力位，可谓来势凶猛、势不可当，是强势主力进场的标志。主力在股价连续拉出三个涨停板后并没有深度洗盘，而是在倒数第二个涨停板的上方横向洗盘三天，护城河支撑为有效支撑，主力尽显强庄风范的同时也确定了龙回头的暴涨形态。随后两个涨停板夹一根缩量阴线的走势继续支撑着股价高歌猛进。

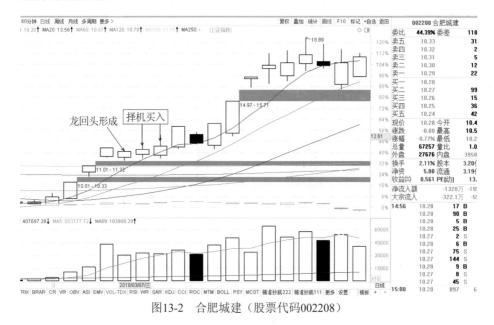

图13-2 合肥城建（股票代码002208）

📊 **经典案例三 图 13-3 汇源通信（股票代码 000586）**

图 13-3 所示为汇源通信在一段时间内的股价走势 K 线图。5G 作为 2018 年重点推广为商用元年，其中热点个股自然不能错过这样的行业盛宴。在有着"东方不败"之称的龙头股东方通信（股票代码 600776）的带领下，龙二汇源通信也是当仁不让，从 2018 年 12 月 24 日开始，主力用连续 4 个涨停板分别突破 60 日均线、120 日均线两个最重要的压力位，实力可见一斑。主力拉升股价到 250 日均线下方遭遇长期套牢盘的压力，开始主动回调，从此完成了龙回头的雏形，进入我们的重点关注范围。仅仅过了两个交易

日，股价便遇到了 10 日均线支撑，并且收盘价连续三天没有跌破前面连续 4 个涨停板的倒数第二个涨停板，龙回头暴涨形态形成，随后又连续拉升出 3 个涨停板，以最后一个涨停板高开低走结束了这波行情。

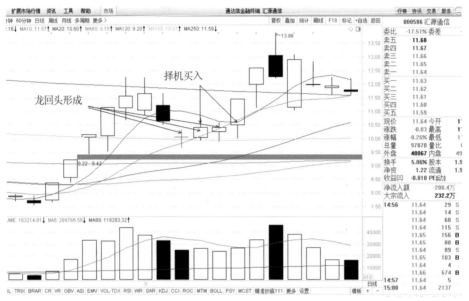

图13-3 汇源通信（股票代码000586）

经典案例四 图 13-4 德新交运（股票代码 603032）

图 13-4 所示为德新交运在一段时间内的股价走势 K 线图。德新交运从 2018 年 8 月 20 日开始，主力用连续 5 个涨停板强势建仓，势如破竹，遇阻后用长上影和缩量阴线洗盘两天，龙回头形态的雏形初显。其后，主力在 8 月 29 日用一根涨停板强势修复了昨天的跌停板，完成了否极泰来的暴涨形态组合，宣告了龙回头形态的确立，随后每天的最低价都没有跌破 5 日均线，走出了 2018 年的熊市行情中最让人记忆犹新的妖股，短短的 15 个交易日，股价便从 10 元快速拉升至 30 元，完成了 3 倍的涨幅。

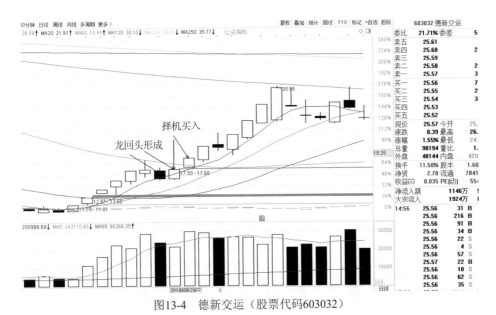

图13-4　德新交运（股票代码603032）

📊 经典案例五　图 13-5 鞍重股份（股票代码 002667）

图 13-5 所示为鞍重股份在一段时间内的股价走势 K 线图。此案例可以将其作为一个龙回头的失败案例进行深度剖析。鞍重股份因为有了股权转让的特大利好，主力连续拉升出三个涨停板，回调收盘价没有跌破倒数第二个涨停板收盘价，成交量也大于 5 日均量线，龙回头雏形成立，可以重点关注了。此时真的可以介入吗？很显然，龙回头的条件并不具备：首先，2018 年 9 月 27 日这根大阴线并不是以涨停板开盘，也不是大幅跳空高开的，而是穿头破脚的放量大阴线，这是主力出逃的征兆；其次，大阴次日的大阳线的收盘价还没有吃掉前日大阴线的中心位，说明此时还不到介入时机；最后，2019 年 9 月 28 日的大阳线次日的股价低开低走，跌破了倒数第二个涨停板的收盘价，且当天量柱明显低于 5 日均量线。所以说，把鞍重股份当作龙回头是错误的，一旦误入这样的似是而非的龙回头，一定要及时止损，以避免遭受更大的损失。

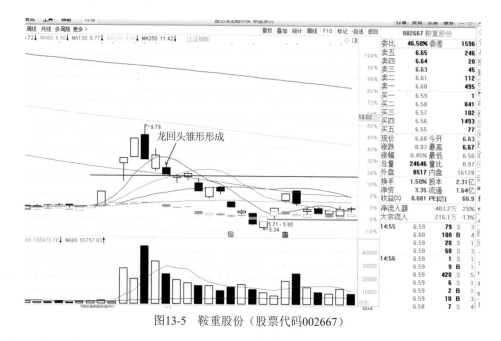

图13-5　鞍重股份（股票代码002667）

温馨提示： 选股技巧如下。依次单击按钮"选股器"→"条件选股"→"条件选股公式"的下拉列表→"C128"（*N*天内出现以涨停板收盘）→将"统计周期"的参数设置为"5"→"加入条件"→"保存方案"→输入文件名如"龙回头"→"确定"→"选股入板块"→"新建板块"→输入文件名如"龙回头"→"确定"→如需下载数据则单击"下载或确定"→"关闭"，这样所选择的"龙回头"目标股就会存在"自定"板块下的子板块中。然后再进行复盘，去掉有1～2个涨停板的，剩下的就是重点关注的有可能成为龙回头的标的。

本章小结：龙回头作为强势股的第二波必须是前期市场的龙头股，必须有至少三个涨停板，封死的那种。没有涨停板，反弹力度不会太强，不易再次聚集人气，很容易就陷入复杂的调整中。前期拉升过程中要有量能积累，操盘手法越凶悍越好（量能积累是主力资金进场的标志，操盘手法越凶悍，就越容易洗掉跟风盘，也说明主力志在高远）；回落调整过程中，尽量极度缩量。下跌缩量就说明主力资金并没有出逃，只有主力仍在其中该股才会有第二波的拉升。

第十四章

「脱轨而出」

奔涨停

市场上每一只股票都有自己的运行轨迹，并沿着一定的轨迹运行，从而形成自己的轨道，如股价在一个狭小的箱体内运行或在一个三角形内运行等。一般情况下，股价都会在一定的时间内维持着一个平衡趋势，一旦这种平衡趋势被向下打破，则股价就会逐步走低；若这种平衡趋势被向上打破，则股价会逐步走高。当股价在自己的轨道运行到一定程度，其短期或中长期均线逐步向上发散时，股价就会"脱轨而出"，像一匹脱缰的野马肆意狂奔，从而走出一波大行情。

几乎所有被主力高度控盘的股票都会先按着一定的轨道运行并构建出自己需要的股价走势形态，等时机成熟后再突破形态进行拉升。所以股价的历史走势形成的轨迹所构成的形态，就是中小投资者判断股价将要上涨或下跌的重要依据。

📊 经典案例一　图 14-1 上峰水泥（股票代码 000672）

图 14-1 所示为上峰水泥在一段时间内的股价走势 K 线图。乘着国家"一带一路"的东风，基建水泥板块遭到主力资金的大肆青睐，也造就了西部建设（股票代码 002302）、天山股份（股票代码 000877）等大批牛股。自从 2016 年 7 月 25 日该股收出了一个低开低走的大阴线后，到 2016 年 8 月 19 日第一次试着突破年线遇到重要压力位，主力将股价牢牢地控制在 6.30～7.30 元的轨道，在长达 4 个月的横盘整理期间，股价既没有跌破 6.30 元，也没有高过 7.30 元，直到 2016 年 12 月 1 日，主力用一个涨停板突破 7.30 元的价格后"脱轨而出"，破茧成蝶，于是连续的多个涨停板在 2 周内就走出了翻倍行情。

📊 经典案例二　图 14-2 中国中车（股票代码 601766）

图 14-2 所示为中国中车在一段时间内的股价走势 K 线图。从 2014 年 8 月 4 日中国中车走出一个大阳线开始，主力就将股价牢牢地控制在 4.44～4.70 元的轨道，虽然进行了长达 46 个交易日的横盘整理，但是期间

股价既没有跌破 4.44 元,也没有高过 4.70 元,振幅都没有超过 10%,说明主力已经高度控盘。2014 年 10 月 16 日,主力用一个放量涨停板突破 4.70元的价格后"脱轨而出",又经过几天时间的横盘震荡之后,中国中车的股价便一发不可收拾,连续拉出了 6 个一字板,稍做停留又一路向北,成为中国 A 股历史上为数不多的牛股之一。

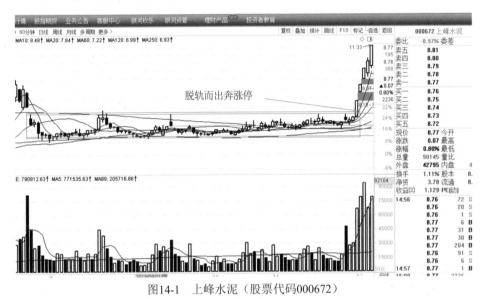

图14-1　上峰水泥(股票代码000672)

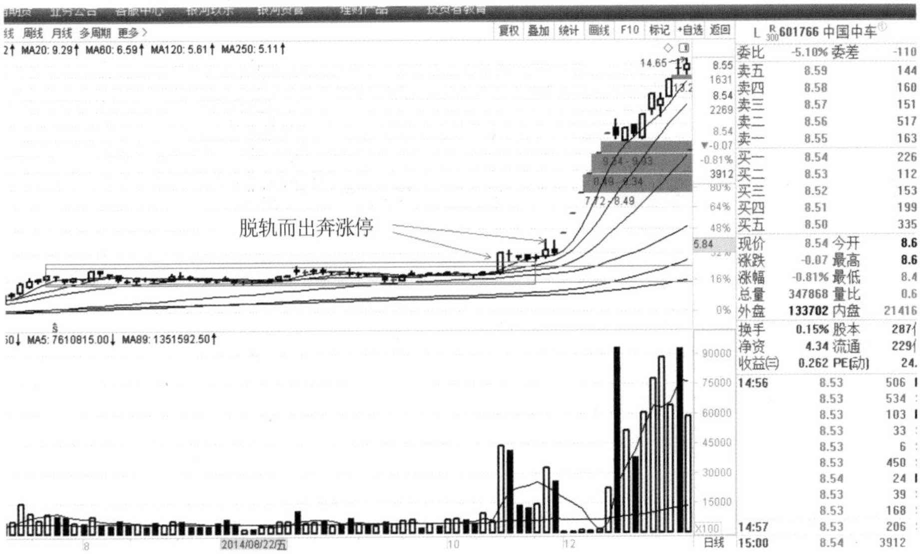

图14-2　中国中车(股票代码601766)

经典案例三　图 14-3 泰禾集团（股票代码 000732）

图 14-3 所示为泰禾集团在一段时间内的股价走势 K 线图。泰禾集团的股价在主力的操作下于 2017 年 9 月 21 日持续下跌并跌破了 250 日均线的重要支撑位，直到 2017 年 10 月 20 日股价才在 120 日均线附近止跌企稳，之后主力控制着股价在一个窄幅箱体的轨道内运行，在 2017 年 11 月 20 日股价收出了最低价 16.00 元的双零抄底信号后再也没有出现新低，股价一直运行在 16.00 ～ 17.00 元的轨道，此时主力高度控盘及破位洗盘的意图初显。2017 年 12 月 25 日，主力用一个放量涨停板打破了这种平衡"脱轨而出"，随后股价一路飙升，短短时间就走出了 1.5 倍的行情，而 2017 年 12 月 25 日这个放量涨停板也是我们前面文章提到的锁仓型涨停板。

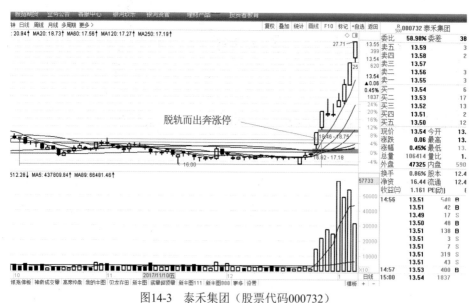

图14-3　泰禾集团（股票代码000732）

经典案例四　图 14-4 中铁工业（股票代码 600528）

图 14-4 所示为中铁工业（原名"中铁二局"）在一段时间内的股价走势 K 线图。中铁工业的股价先是在一个窄幅箱体的轨道内运行，2014 年 12 月 12 日，主力用一个放量涨停板打破了股票原来的运行轨迹"脱轨而出"，

此后股价便一路狂飙，连续拉出 6 个涨停板，短短两周时间就走出了翻倍行情。

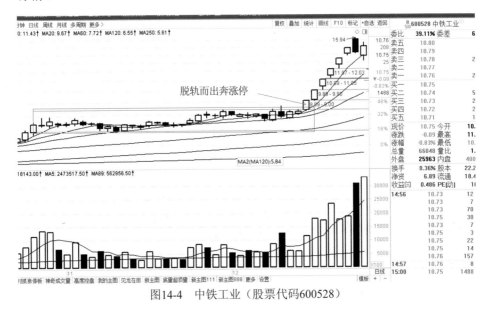

图14-4 中铁工业（股票代码600528）

📈 经典案例五 图 14-5 柘中股份（股票代码 002346）

图 14-5 所示为柘中股份在一段时间内的股价走势 K 线图。2016 年 7 月 27 日，柘中股份低开低走向下狂跌直至走出一个跌停板的大阴线，次日止跌企稳，随后股价便在以这个跌停板的高低点为上下沿的轨道内横盘震荡，直到 2016 年 11 月 9 日，主力用一个放量涨停板一举突破了所有的重要压力位"脱轨而出"，柘中股份的股价便一路狂飙向北而去。

📈 经典案例六 图 14-6 成飞集成（股票代码 002190）

图 14-6 所示为成飞集成在一段时间内的股价走势 K 线图。同以上个股不同的是，成飞集成的股价"轨道"运行时间短，时间越短越能显示主力资金的雄厚和强势，股价"脱轨而出"后更是强势拉升，也书写了一段股市传奇。

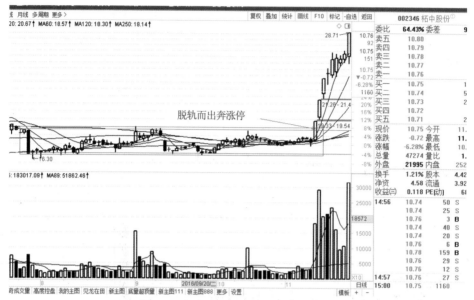

图14-5 柘中股份（股票代码002346）

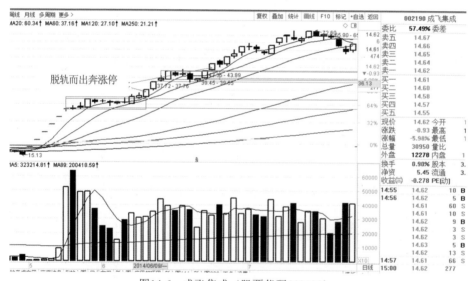

图14-6 成飞集成（股票代码002190）

本章小结：股市是有逻辑的，任何个股的运行都是有轨迹的，中小投资者只要能够透过逻辑选股并通过轨迹择时，就一定能在股市走得顺风顺水。

第十五章

步步高升
见涨停

人们用"芝麻开花节节高"来形容生活越来越好，股票的收盘价在进入拉升阶段时也像芝麻开花那样，步步高升，尤其是不断地以涨停价收盘步步拉高的个股更令人欣喜若狂。

步步高升见涨停的图形特征有以下几个方面。

（1）均线综合得分≥50分，收盘价站稳60日均线，连续3～5个交易日的收盘价稳稳站上5日均线且一天比一天高。

（2）均线特征：5日均线、10日均线、20日均线、60日均线多头排列，且5、10日均线翘角度大于30°，两条均线平滑、顺畅，没有疙疙瘩瘩的感觉。

（3）成交量特征：5日均量线上穿89日均量线后，量柱一直维持在高位，没有再次回到89日均量线以下，量价齐升且量柱再次突破5日均量线。

买入条件：股价再次站稳5日均线，连续3个交易日收盘价一天比一天高，且量柱大于5日均量线时择机介入。

及时止损：股价跌破20日均线时止损出局。

📈 经典案例一　图 15-1 八菱科技（股票代码 002592）

图 15-1 所示为八菱科技在一段时间内的股价走势 K 线图。2018 年 1 月 28 日，八菱科技的收盘价开始站稳 5 日均线，随后的五个交易日其股价的收盘价开始步步高升。2018 年 12 月 3 日，其量柱大于 5 日均量线，量价齐升且配合完美，均线平滑、顺位。12 月 6 日八菱科技收出了第一个涨停板，随后便"芝麻开花节节高"一发而不可收，短短时间走出了一波翻倍行情。

📈 经典案例二　图 15-2 雄韬股份（股票代码 002733）

图 15-2 所示为雄韬股份在一段时间内的股价走势 K 线图。2018 年 12 月 27 日，雄韬股份的收盘价开始站稳 5 日均线，并且量柱大于 5 日均量线。随后的 7 个交易日，股价便开始步步高升，并且量价配合完美。2019 年 1 月 9 日收出了第一个准涨停板（炸板），此后股价便沿着 5 日均线而一发而不可收，开始了"不破五"的股价狂欢，连续收出了多个涨停板，短短

不到一个月的时间，股价便从 10 元拉升至 21 元，快速走出了一波翻倍行情。

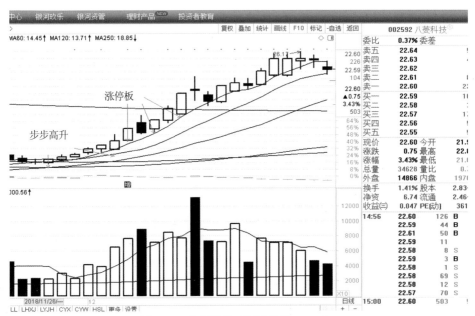

图15-1 八菱科技（股票代码002592）

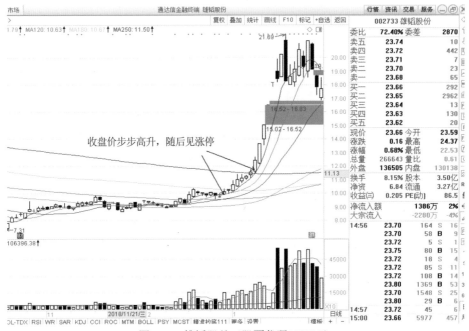

图15-2 雄韬股份（股票代码002733）

📈 **经典案例三　图 15-3 嘉澳环保（股票代码 603822）**

图 15-3 所示为嘉澳环保在一段时间内的股价走势 K 线图。2019 年 1 月 14 日，嘉澳环保的收盘价开始站稳 5 日均线并且量柱大于 5 日均量线，随后 5 天的股价开始步步高升，短暂的双阴洗盘后，嘉澳环保的股价又开始了步步高升，并且量价配合完美，于 1 月 28 日收出了第一个涨停板，其后走势必然可期。

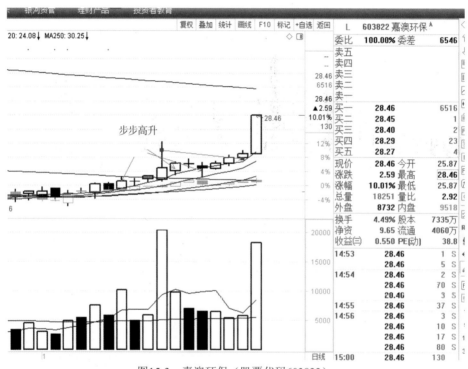

图15-3　嘉澳环保（股票代码603822）

📈 **经典案例四　图 15-4 银宝山新（股票代码 002786）**

图 15-4 所示为银宝山新在一段时间内的股价走势 K 线图。2019 年 1 月 21 日，银宝山新的收盘价开始站稳 5 日均线，随后的 5 个交易日股价开始步步高升，且量价配合完美，均线顺位，几天之后收出的涨停板便完全收入囊中。

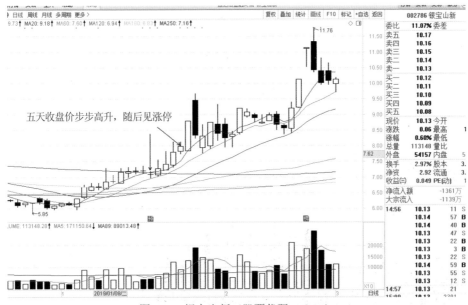

图15-4　银宝山新（股票代码002786）

📈 经典案例五　图 15-5 东方通信（股票代码 600776）

图 15-5 所示为东方通信在一段时间内的股价走势 K 线图。自 2018 年
12 月 17 日，股价遇到 10 日均线的强支撑，并且在随后的 7 个交易日，收
盘价一天比一天高，证明每天都有资金进入。股市有云：小阳推进，必见大阳。
果不其然，紧随其后就收出了一个涨停板，之后更是势如破竹，连续收出
了多个涨停板，让东方通信成为 2018 年末最大的黑马。

📈 经典案例六　图 15-6 人民网（股票代码 603000）

图 15-6 所示为人民网在一段时间内的股价走势 K 线图。2019 年 1 月 3
日和 1 月 22 日人民网的股价分别走出了两组连续 5 天的步步高升，随后股
价便一飞冲天。这两组量价配合完美的步步高升为人民网成为 2019 年股市
的黑马之一奠定了坚实的基础，股价在 2 月 20 日拉出一个锁仓型涨停板之
后，股价更是一路高歌猛进，短短不到一个月的时间，就走出了超过两倍
的特大牛股。

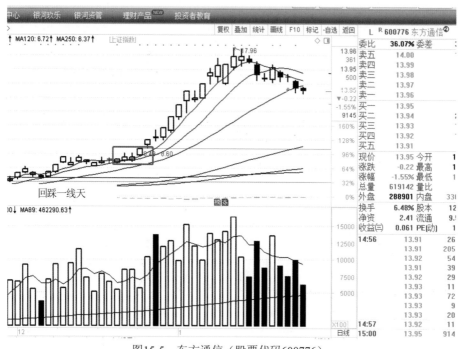

图15-5　东方通信（股票代码600776）

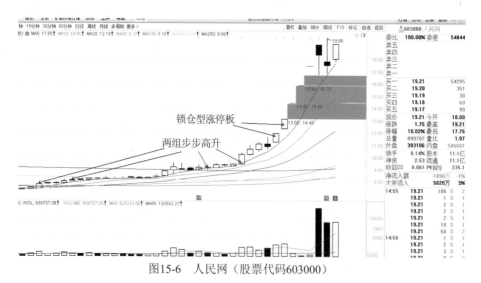

图15-6　人民网（股票代码603000）

　　本章小结：收盘价的步步高升代表着多方每天都有资金进入该股抢筹，层层推进，步步为营，很稳很低调，直到时机成熟，不鸣则已一鸣惊人，最后让人惊喜不已。

第十六章

『星光闪耀』

捧涨停

十字星线或小星线在股票走势中往往起着反转或承上启下的作用，许多个股的强势拉升或反转往往都是在连续的十字星或小星线之后爆发的，"星光闪耀"奔涨停便是由此而来的。十字星线是一类特殊的 K 线，其开盘价与收盘价处于同一个水平上，或者这根 K 线的开盘价与收盘价只有很少的差价时也可以把这根 K 线看成一根十字星线。十字星线的形成过程实际上是多空双方在某一天激烈厮杀的结果。由于市场上看多和看空的人数或者资金力量各占一半，有人高位抛盘，也有人低位接盘，所以十字星线在本质意义上只能说明市场到这个位置有了分歧，且势均力敌，这时主力资金的引导便会起到关键的作用。

主力拉升股价进入主升浪之前，总是使出浑身解数甩掉跟风盘或洗出获利盘，同时还要抬高中小投资者的持股成本，以减轻后期对股价的拉抬阻力。因此当股价运行到一定位置将要大幅拉升时，主力便操作着股价以"能而示之不能"的低姿态出现在中小投资者的眼前。一些强势主力进场的个股在拉出连续的小星线横向洗盘后就会开启股价的暴涨模式，此时小星线便有了承上启下的作用；或者主力资金介入后向下拉出连续的阴线进行洗盘，在其洗盘结束时放任市场自由交易以测试筹码的稳定程度后，开始反转拉升，此时的小星线便起到了反转作用。中小投资者若能提前关注这些出现连续十字星线的个股，就能及时在盘中抓住这只个股的起涨点，达到跟随主力的步伐与庄共舞获取暴利的目的。

根据出现的不同位置分类，十字星线可分为中继十字星、底部反转十字星和顶部反转十字星三类。

📊 **经典案例一　图 16-1 武汉中商（股票代码 000785）**

图 16-1 所示为武汉中商在一段时间内的股价走势 K 线图。2019 年 1 月 4 日，武汉中商的股价还处于低位，主力用一根光头阳线强势收集筹码，次日便跳空高开，连续收出了 3 根阳十字洗盘蓄势星线，这个"星光闪耀"K 线组合形态就可以确定为底部反转星线。因为多空双方已经在十字星线的

收盘价格达成一致，再加上新零售重组的特大利好（图16-2），之后几天武汉中商的股价连续拉出一字涨停板。

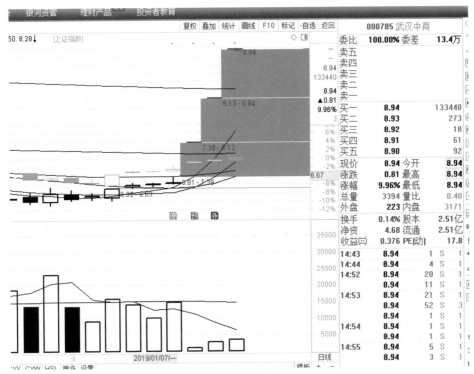

图16-1 武汉中商（股票代码000785）

港澳资讯提供 （仅供参考，风险自担）

公司动态：居然新零售作价363亿至383亿元借壳武汉中商（000785）

    e公司讯，武汉中商（000785）1月23日晚间公告，公司拟购买居然控股等24名交易对方持有的居然新零售100%股权。经各方友好协商，本次交易标的资产的交易价格初步确定为363亿元至383亿元之间。本次交易构成重组上市。本次交易前，公司实际控制人为武汉国资公司。交易完成后，公司的控股股东变更为居然控股，实际控制人变更为汪林朋。公司业务将新增家居卖场业务、家居建材超市业务和家装业务等领域。

【出处】证券时报网

图16-2 居然新零售借壳武汉中商

经典案例二 图 16-3 顺丰控股（股票代码 002352）

图 16-3 所示为顺丰控股在一段时间内的股价走势 K 线图。顺丰控

股的股价经过一波长期的回调，于 2017 年 1 月 4 日出现一根最低价为 36.69 元的长下影 K 线，这是双零抄底的信号，次日收了一个阳十字星线，此后股价再也没有创出新低，并且受到 250 日均线的强支撑，说明股价开始止跌企稳，双零底部再次得到确认。随后一连串的十字星线围绕着短期均线横盘整理，组成了强有力的"星光闪耀" K 线组合形态，直到 2 月 22 日，主力收出一根大阳线，势如破竹，连续突破了 60 日均线和 120 日均线两个重要压力位后，次日股价再次跳空高开，并瞬间封死涨停板，连续拉升多个涨停板后，直到出现顶部吊颈线，这波行情才算谢幕。

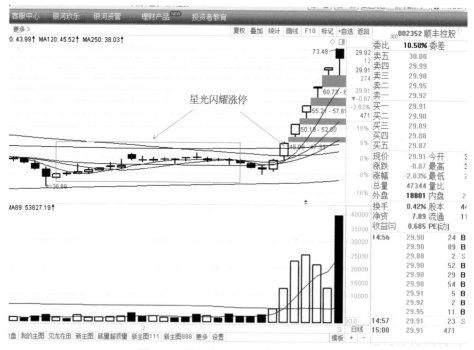

图16-3　顺丰控股（股票代码002352）

📈 经典案例三　图 16-4 振江股份（股票代码 603507）

图 16-4 所示为振江股份在一段时间内的股价走势 K 线图。2018 年 12 月 14 日，主力用一根涨幅超过 5% 的放量大阳线突破 60 日均线的重要压力

位，意味着新一波进攻拉开了序幕。三天后，一组带有非常短的上下影线的十字星线组成了强有力的"星光闪耀"K线组合形态，这是上涨中继阶段的反转星线，只是迫于上方有120日均线压力才横盘几天。12月24日，主力用一个跳空高开的涨停板强势突破了120日均线的重要压力位，同时也打破了这种平衡，一波拉升随即展开，直至遇到250日均线的压力位，此波拉升才宣告结束。

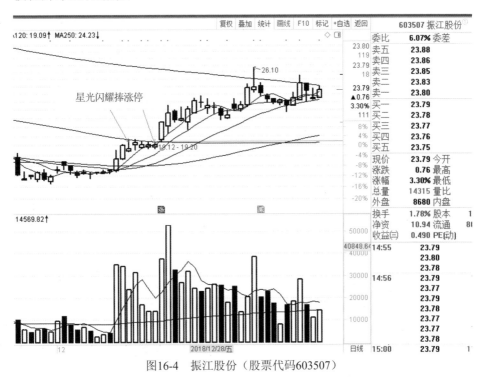

图16-4　振江股份（股票代码603507）

📊 **经典案例四　图16-5赛象科技（股票代码002337）**

图16-5所示为赛象科技在一段时间内的股价走势K线图。赛象科技经过一波短暂拉升之后，股价稳稳地站在了120日均线之上。2018年11月14日，主力开盘便高开低走，给人一种要出货的假象，用一根振幅超过8%的大阴线压迫得人喘不过气来，给人以"山雨欲来风满楼"的感觉。按正常人的思维，走出这样的大阴线次日一般会低开低走继续杀跌。但是次日

竟然没有继续下跌，反而连续三天收出了振幅非常小的三个十字星线，组成了强有力的"星光闪耀"K线组合形态，这是上涨中继阶段的反转星线。11月20日，主力用一个涨停板强势反转，成功地收复了左侧的大阴线，之后的股价开始用以涨停板连续上涨。

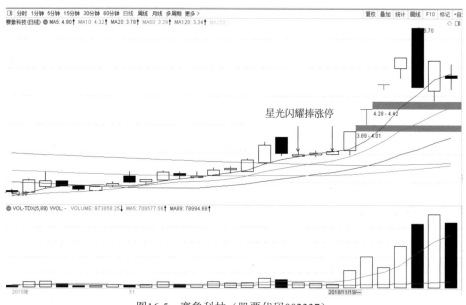

图16-5　赛象科技（股票代码002337）

经典案例五　图16-6建新股份（股票代码300107）

图16-6所示为建新股份在一段时间内的股价走势K线图。2018年1月3日，主力用一个涨停板强势突破了60日均线的重要压力位后，股价便在这个涨停板的收盘价上方盘整，这不仅证明了这个涨停板的收盘价有很强的支撑作用，同时其后收出的多个十字星线组成了强有力的"星光闪耀"K线组合形态，这又是上涨中继阶段的反转星线组合形态，之后股价便进入快速拉升通道。直到1月25日和26日出现两个高位阴十字星线，这两个十字星处于高位，属出货型反转星线K线组合，股价开始向下反转，正所谓位置决定性质，不同位置出现相同的K线组合，其意

义也将不同。

两个月后，主力故技重施，从 3 月 30 日起建新股份（图 16-7）又连续收出多个十字星线，为下一波股价的拉升做足了准备。

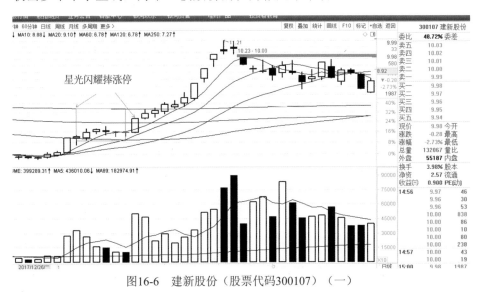

图16-6 建新股份（股票代码300107）（一）

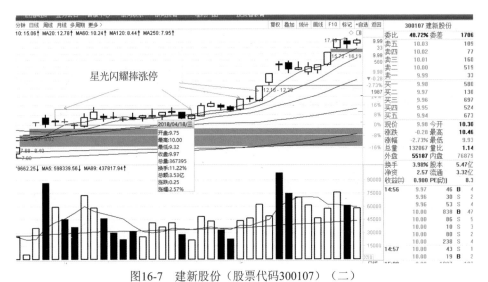

图16-7 建新股份（股票代码300107）（二）

经典案例六　图16-8 泰禾集团（股票代码000732）

图16-8所示为泰禾集团在一段时间内的股价走势K线图。泰禾集团的股价在连续拉升涨停板之前，也是收出了多个带有上下影线的十字星线，完成了"星光闪耀"的组合形态，说明主力已经高度控盘，且市场持筹稳定，之后股价便一路高歌猛进，从底部启动的15元左右一鼓作气拉升至30元附近，短期便完成了翻倍行情。

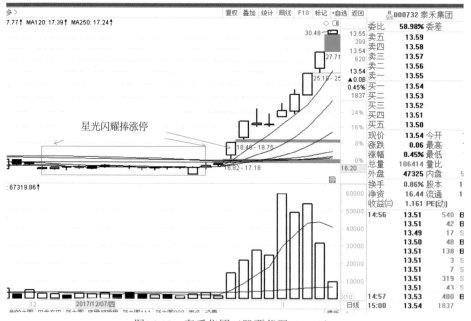

图16-18　泰禾集团（股票代码000732）

经典案例七　图16-9 泰胜风能（股票代码300129）

图16-9所示为泰胜风能在一段时间内的股价走势K线图。2019年1月17日至1月27日，7根K线中只有一根阴线，其余全是上下影线很短的阳十字星线，说明多方实力占优，1月28日，"星光闪耀"K线组合形态捧出一个涨停板，之后的股价走势更加让人期待。

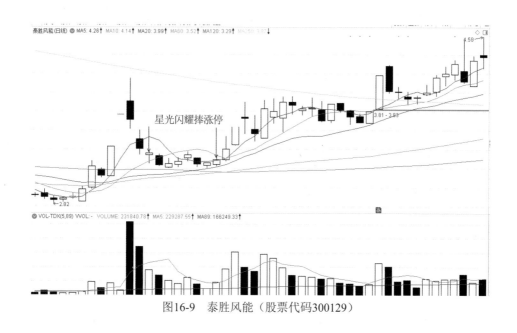

星光闪耀捧涨停

图16-9 泰胜风能（股票代码300129）

经典案例八 图 16-10 东方日升（股票代码 300118）

图 16-10 所示为东方日升在一段时间内的股价走势 K 线图。主力在大幅拉升股价之前，用多个十字星线组成的"星光闪耀" K 线组合形态完成了收集筹码、洗盘等动作，然后用一根很小的阳 K 线就突破了 120 日均线的重要压力位，说明主力已经高度控盘了这只股票的大部分流通筹码，一天后就出现了涨停板。如果说前面的小阳小阴线在低调、限价吸筹，那么出现涨停板就是进入了加速阶段，后面短期的股价大涨也就在情理之中了。

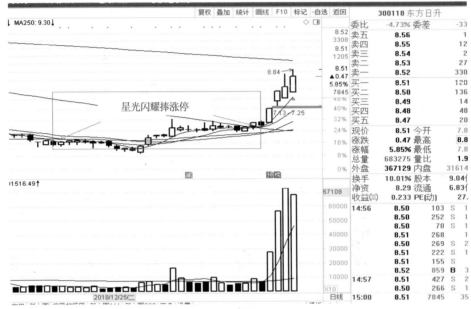

图16-10 东方日升（股票代码300118）

本章小结：认识"星光闪耀"的K线组合形态，了解其形成的内在原因，看懂这个组合是主力蓄势的暴涨密码，根据位置决定性质的原则来选择即将暴涨的个股，短期可获得较大的利润。

第十七章

一字不破
再涨停

　　T 字不破再涨停，是指股价拉出 T 字形涨停板后不再跌破这个 T 字形涨停板的收盘价，其后必然会再出现涨停板的走势。股票市场上两种特殊类型的涨停板分别是一字形涨停板和 T 字形涨停板，它们虽然在形态上似乎相同，但是它们所展示的内涵却有着很大的不同。它们的相同之处是都以涨停板开盘，再以涨停板收盘。不同之处是一字形涨停板中间没有被打开过，中小投资者几乎没有参与的机会；而 T 字形涨停板在 K 线图上留有一根长长的下影线，这是股价在以涨停开盘后曾经在中途被打开过的痕迹，不管是打开后立即被重新封上，还是在收盘前被再次封上，中小投资者都是可以参与进去的。在技术分析中，T 字形涨停板能够在开盘伊始就涨停，说明一定有主力在里面用大资金运作。T 字形涨停板中被打开的原因主要有两个：一是股价遭遇沉重抛压，主力借势故意开闸放水进行的强势洗盘或震仓行为；二是主力在高位大肆出货。无论哪一种，都是强势庄家的刻意所为，同时伴随着成交量的放大，一副主力在出货的样子，很是吓人。之所以说它是强势庄家所为，是因为只有强势的主力才能将当天的股价大幅高开（甚至以涨停开盘）；只有强势的主力才敢于用直线下挫的方式击溃一些意志不坚定的中小投资者的持股信心，让它们在出其不意的下挫中，低位快速交出手中的筹码，有效地清洗出其中的浮筹；也只有强势的主力才有这样的气魄，敢于在当天采用大幅下杀洗盘，并在当天将股价再一步拉升到涨停的方式进行运作，这种集洗盘与拉升于一体的快捷运行方式，也是主力已高度控盘和急于拉升股价的表现。

　　位置决定性质。若股价处于低位，则 T 字形涨停板往往是属于中继型涨停板，后市该股将有较大的上升空间；若股价已经有了较大的涨幅，处于相对的高位，则 T 字形涨停板多数是出货性质的涨停板。

　　从实战角度看，虽然处于相对低位的 T 字形涨停板相比一字形涨停板更容易参与一些，但一定要眼疾手快，最好的办法是先将买单输入某一个价位埋伏等待，只要涨停一打开，就会很快成交。主力用这种既要达到洗盘目的又不会耗时过长的洗盘整理方式，表露出庄家拉升的意愿极为强烈，只要其后的股价不跌破这个涨停板，该股在短期内至少会急速拉出一个乃至数个涨停板。因此，从一定的角度来看，若中小投资者能够抓住机会在涨停板打开时及时介入，那么这个T字形涨停板就是庄家献给散户的一份"洗盘大餐"，其后的涨幅绝对可期。

📊 经典案例一　图 17-1 岷江水电（股票代码 600131）

图 17-1 所示为岷江水电在一段时间内的股价走势 K 线图，是 T 字形涨停板后直接拉升上涨的例子。随着 2019 年 2 月 9 日公司一纸置换资产的公告昭告天下，股价从 2019 年 2 月 15 日便开始了"一步登天"的走势，天天一字涨停板，直到 2019 年 2 月 26 日，主力开盘也是一字封死涨停板，走出了股票最强走势，期间没有给中小投资者任何机会，但是接近尾盘 5 分钟快收盘时，出现了连续的大卖单将涨停板砸开，随即又封死涨停板，收出一个带有短短下影线的 T 字形涨停板，但是成交量和昨日持平，说明主力已经高度控盘，没有出逃。这就给了中小投资者买入的机会。次日，股价再度跳空一线天高开高走，迅速封死涨停板。行情一直持续到 2019 年 3 月 12 日，主力再次收出一个看起来很美的 T 字形涨停板，这个位置的股价已经离底部启动时的 6 元左右有了 4 倍以上的涨幅，主力获利极为丰厚，所以这个涨停板不能看作启动性质的 T 字形涨停板，而应视为高位出货性质的涨停板，是高位吊颈线。同时量柱已经低于 5 日均量线，说明量价配合不是很完美，次日主力便一根倒灌大阴线，形成了乌云盖顶的经典出货形态。

岷江水电公告具体内容如下。

本公司董事会及全体董事保证本公告内容不存在虚假记载、误导性陈述或者重大遗漏，并对其内容的真实性、准确性和完整性承担个别及连带责任。

四川岷江水利电力股份有限公司（以下简称"公司"）董事会于 2019 年 2 月 9 日以电子邮件的方式向各位董事、监事和高级管理人员发出了召开第七届董事会第二十四次会议的通知和会议资料，公司第七届董事会第二十四次会议于 2019 年 2 月 14 日在成都召开，会议应到董事 11 名，实到董事 11 名，公司监事及高级管理人员列席了本次会议。会议的召开符合《中华人民共和国公司法》《四川岷江水利电力股份有限公司章程》(以下简称《公司章程》)和《四川岷江水利电力股份有限公司董事会议事规则》的相关规定。会议由董事长吴耕主持，形成决议如下。

一、以 6 票同意、0 票反对、0 票弃权审议通过了《关于公司符合重大资产置换及发行股份购买资产并募集配套资金条件的议案》(本议案内容涉及关联交易事项，关联董事吴耕、李高一、涂心畅、罗亮、徐腾回避表决)，根据《中华人民共和国公司法》《中华人民共和国证券法》《上市公司证券发行管理办法》《上市公司非公开发行股票实施细则》《上市公司重大资产重组管理办法》(以下简称《重组管理办法》)、《关于规范上市公司重大资产重组若干问题的规定》等有关法律、法规和规范性文件的规定，董事会对公司实际情况是否符合上市公司重大资产置换及发行股份购买资产并募集配套资金的条件进行了逐项自查，认为公司符合上市公司重大资产置换及发行股份购买资产并募集配套资金(以下简称"本次交易""本次重组"或"本次重大资产重组")的各项条件。

本议案尚需提交公司股东大会审议。

二、逐项审议并以 6 票同意、0 票反对、0 票弃权通过了《关于本次重大资产置换及发行股份购买资产并募集配套资金暨关联交易方案的议案》(本议案内容涉及关联交易事项，关联董事吴耕、李高一、涂心畅、罗亮、徐腾回避表决)

公司本次重大资产置换及发行股份购买资产并募集配套资金的具体方案如下：

1. 重大资产置换

除部分参股权、待处置整合资产及维持公司经营必要的保留资产外，拟将主要配售电及发电业务相关资产负债等(以下简称"置出资产")置出公司，与国网信息通信产业集团有限公司(以下简称"信产集团")持有的北京中电飞华通信股份有限公司(以下简称"中电飞华")67.31% 股份、安徽继远软件有限公司(以下简称"继远软件")100% 股权、北京中电普华信息技术有限公司（以下简称"中电普华"）100%股权、四川中电启明星信息技术有限公司（以下简称"中电启明星"）75%股权（以下统称"置入资产"）的等值部分进行置换。保留资产为公司持有的四川福堂水电有限公司（以下简称"福堂水电"）40%股权、四川西部阳光电力开发有限公司（以下简称"阳光电力"）9%股权、拟处置整合的企业、相关债权债务及部分货币资金（以下统称"保留资产"）。

2.发行股份购买资产

公司以发行股份的方式向交易对方购买资产，具体包括：①向信产集团购买上述重大资产置换的差额部分；②向加拿大威尔斯科技有限公司（以下简称"加拿大威尔斯"）购买其持有的中电启明星25%股权；③向龙电集团有限公司（以下简称"龙电集团"）和西藏龙坤信息科技合伙企业（有限合伙）（以下简称"西藏龙坤"）购买其分别持有的中电飞华5%股份和27.69%股份。（信产集团持有的中电飞华67.31%股份、继远软件100%股权、中电普华100%股权、中电启明星75%股权以及加拿大威尔斯持有的中电启明星25%股权、龙电集团和西藏龙坤分别持有的中电飞华5%股份和27.69%股份以下统称"拟购买资产"。）

3.募集配套资金

公司拟向不超过10名投资者非公开发行股票募集配套资金，发行股份数量不超过发行前公司总股本的20%，募集配套资金总额不超过本次交易中以发行股份方式购买资产的交易价格的100%。本次募集配套资金拟用于：投资中电飞华、继远软件、中电普华、中电启明星（以下统称"标的公司"）"云网基础平台光纤骨干网建设项目""云网基础平台软硬件系统建设项目""互联网＋电力营销平台建设项目"，支付本次交易中介机构费用，偿还债务及补充流动资金。其中，用于偿还债务、补充流动资金的比例将不超过交易作价的25%，或不超过募集配套资金总额的50%。

上述重大资产置换和发行股份购买资产互为前提、共同实施，任何一项因未获得所需的批准（包括但不限于相关交易方内部有权审批机构及相关监管机构批准）而无法付诸实施，则另一项交易不予实施。募集配套资金在重大资产置换和发行股份购买资产的基础上实施，但募集配套资金实

施与否或配套资金是否足额募集，均不影响重大资产置换和发行股份购买
资产的实施。

特此公告。

四川岷江水利电力股份有限公司董事会

2019 年 2 月 14 日

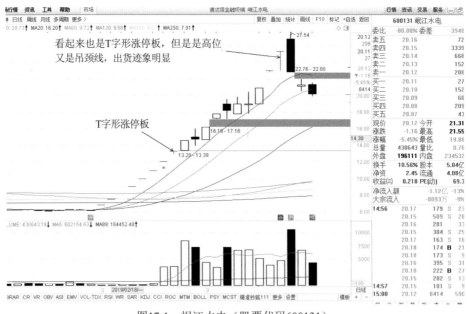

图17-1 岷江水电（股票代码600131）

经典案例二 图 17-2 领益智造（股票代码 002600）

图 17-2 所示为领益智造在一段时间内的股价走势 K 线图，是 T 字形涨
停板后先洗盘不破这个涨停板然后再拉升上涨的例子。2019 年春节后的股
市是柔性屏的天下，领益智造作为 OLED 的龙头股，2019 年 2 月 12 日，该
股便用一个跳空高开的涨停板突破了 120 日均线的重要压力位，从其不到 7%
的换手率来判断，这个涨停板是锁仓型涨停板。次日更是一字涨停板，没有
给中小投资者任何买入机会，直到 2 月 15 日，主力收出了一个 T 字形涨停板，
但是成交量并没有明显放大。由于 250 日均线附近聚集了大量的套牢筹码，
主力用横盘震荡来清洗套牢盘，但是股价一直没有跌破前面 T 字形涨停板

的开盘价，证明主力控盘良好。几天以后，主力再次发飙，随后又在2019年3月1日和4日连续收出两个T字形涨停板，隔天故伎重演，又连续收出两个T字形涨停板，但是这两个涨停板的位置由于离底部启动已经很高了，所以获利了结应该是中小投资者的首选策略。果然，次日一根带有长长上影线的"射击之星"，拉开了股价回调的序幕。

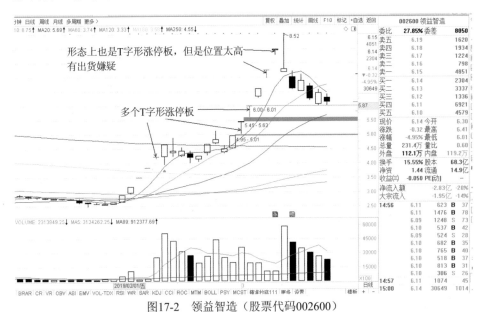

图17-2　领益智造（股票代码002600）

📈 **经典案例三　图17-3 浪潮软件（股票代码600756）**

图17-3所示为浪潮软件在一段时间内的股价走势K线图，是T字形涨停板后直接拉升上涨的例子。2019年3月4日，该股在集合竞价期间一直是封死涨停板的，开盘后便高开低走，但是成交量并没有放大，主力洗盘意图明显，因为刚刚解放了前面众多的套牢盘，此时出货的可能性不大。10：30左右，主力突然发力，天线瞬间上穿人线，封死涨停板，此时中小投资者就应该在封板之前眼疾手快地及时跟进。短线炒股需要中小投资者不但要有"鹰的眼睛"，还要有"豹的速度"。第二天开盘，股价高开高走的涨停板显示了主力强大的控盘能力，直到3月11日，出现了一根最高价为33.88元的大阴K线，这是双零逃顶的信号，同时这又是一根穿头破脚的大

阴线，是主力出逃的经典形态，这根集双零逃顶和主力出逃经典形态于一身的大阴线宣告了这波拉升的终结。

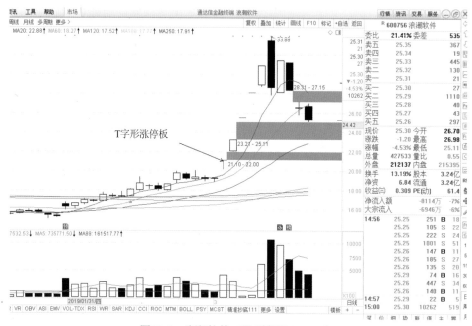

图17-3 浪潮软件（股票代码600756）

经典案例四 图 17-4 华映科技（股票代码 000536）

图 17-4 所示为华映科技在一段时间内的股价走势 K 线图。收出了 T 字形涨停板后，主力直接跳空高开并且盘中没有跌破前面 T 字形涨停板的收盘价，随后便强势拉升。自从 2018 年 11 月 13 日，主力试图用涨停板突破 120 日均线失败之后，华映科技的股价一直蠢蠢欲动，整理期间不断地用涨停板吸引着中小投资者的眼球。两个月后终于用涨停板强势突破了 120 日均线的重要压力位，同时次日又收出了一个 T 字形涨停板，彰显了主力的实力和控盘能力，之后休整两天，主力再次发力一举突破 250 日均线的重要压力位，一鼓作气，用连续的涨停板将股价暴力拉升至 4 元多，短短不到一个月时间，股价就完成了 2 倍多的涨幅。

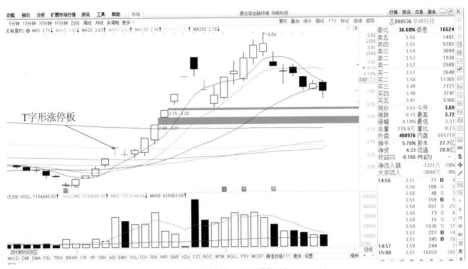

图17-4　华映科技（股票代码000536）

经典案例五　图 17-5 大智慧（股票代码 601519）

图 17-5 所示为大智慧在一段时间内的股价走势 K 线图。大智慧依托国家金融供给侧改革的重大利好，2019 年 2 月 19 日，主力用涨停板强势突破 250 日均线的重要压力位后，股价便势如破竹，连续打出多个一字涨停板，随后 2 月 28 日，主力用"T 字形涨停板"将不坚定的获利筹码清洗出局，次日开盘股价便低开低走，让中小投资者在绝望中交出手中的筹码后，便反身向上于当天收出了一根光脚大阳线，完成了一个近乎地天板的绝地反击，同时收盘价高于了昨天 T 字形涨停板的收盘价，展现了主力强大的控盘实力。短短的 14 个交易日内便走出了 12 个涨停板的骄人战绩，股价更是从底部启动的 3 元多迅速达到了 13 元，期间超过了 4 倍以上的涨幅。

经典案例六　图 17-6 益生股份（股票代码 002458）

图 17-6 所示为益生股份在一段时间内的股价走势 K 线图。2019 年 2 月 19 日和 21 日隔天的两个量价配合完美的 T 字形涨停板彰显了主力的高度控盘和强大实力，随后两天的盘整再也没有跌破第二个 T 字形涨停板的收盘价，后面走出的大涨行情也就在情理之中了。

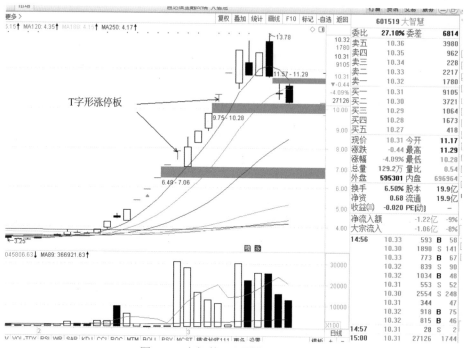

图17-5　大智慧（股票代码601519）

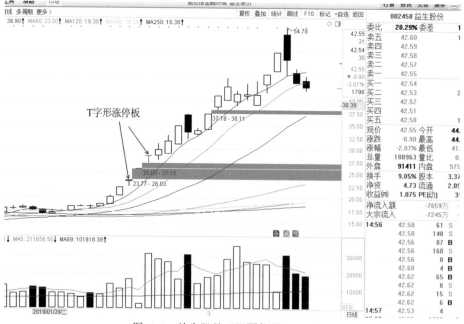

图17-6　益生股份（股票代码002458）

经典案例七　图 17-7 金固股份（股票代码 002488）

图 17-7 所示为金固股份在一段时间内的股价走势 K 线图。主力用一组
"星光闪耀" K 线组合形态将股价慢慢推升，低调地前行。2019 年 2 月 26 日，
主力用强势冲击涨停板的方式站稳了 120 日均线的重要支撑位，随后三天
股价再也没有跌破这个有效支撑，次日便用一个 T 字形涨停板拉开了进攻
的序幕，隔天再次收出 T 字形涨停板，可见主力实力非凡。

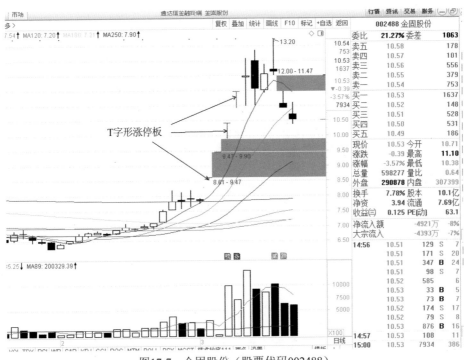

图17-7　金固股份（股票代码002488）

经典案例八　图 17-8 紫金银行（股票代码 601860）

图 17-8 所示为紫金银行在一段时间内的股价走势 K 线图。自从紫金银
行在二级市场上市以后，便连续拉升出多个一字涨停板，直到 2019 年 1 月
14 日一根高开低走的大阴线才结束了这波行情，同时这根大阴线也聚集了
大量的套牢筹码。2019 年 2 月 1 日，股价止跌企稳，主力再次用连续五根
小阳线悄悄地收集筹码，22 日用一个换手率为 31.24% 的对倒型涨停板强势

突破了所有均线的压力，完成了线上第一阳的经典走势，次日股价延续了昨日的强势，再次收出一个换手率为 38.66% 的对倒型涨停板，牢牢地将筹码控制在自己的手中。26 日股价继续以涨停板开盘，但是开盘不久，大卖单便不断涌现将涨停板砸开，随后再封停再打开，经过多次的反复操作，1月 14 日的套牢盘可能再也忍受不住这种折磨，乖乖地交出了手中的筹码，主力再次将这些筹码悉数收入囊中，随后在 14：40 重新封死涨停板，形成了 T 字形涨停板。次日股价开盘后迅速转身向上，待到站稳昨天的收盘价之后就是中小投资者上车的最好机会。经过这个集洗盘型涨停板和 T 字形涨停板短暂的洗盘后，股价在短短的十几个交易日就走出了翻倍行情。

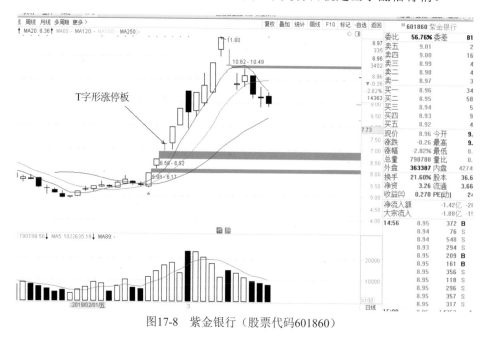

图17-8　紫金银行（股票代码601860）

📊 **经典案例九　图 17-9 广和通（股票代码 300638）**

图 17-9 所示为广和通在一段时间内的股价走势 K 线图。广和通作为 5G 的概念的个股，紧紧跟随着龙头股东方通信（股票代码 600776）前进的步伐，2019 年 2 月 22 日，用一个涨停板强势突破 250 日均线的重要压力位后，次日又收出了缩量的锁仓型涨停板，第三天更是强势地以涨停价开盘，

盘中曾经多次打开涨停板开闸放水，清洗已经获利丰厚的中小投资者，既兑现了部分利润，又为未来股价的继续拉升扫清了障碍。2 月 27 日，一根高开低走的放量倒灌大阴线非常恐怖地站在头顶，吓走了相当大的一部分中小投资者，但是第二天的缩量涨停板却又暴露了主力洗盘和再度拉升的意图。细心的中小投资者可以发现，大阴线的收盘价并没有跌破昨天的跳空缺口，并且其次日的涨停板形成了"否极泰来"的经典暴涨形态，同时盘中的价格也稳稳地站在了 T 字形涨停板的收盘价之上，后面的连续拉升也就在情理之中了。

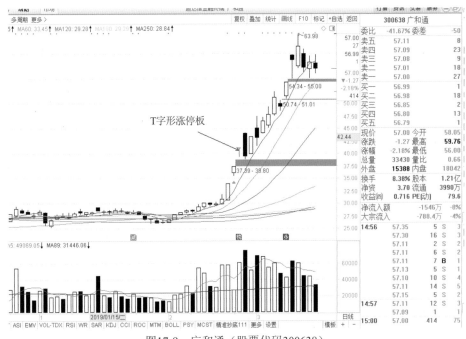

图17-9　广和通（股票代码300638）

📈 **经典案例十　图 17-10 盈方微（股票代码 000670）**

图 17-10 所示为盈方微在一段时间内的股价走势 K 线图（到 2019 年 3 月 27 日已经因为连续两年业绩亏损改名为 *ST 盈方，股票代码未变）。2019 年 3 月 8 日和 11 日，主力用连续两个 T 字形涨停板展示了它强大的实力，随后的涨停板的最低价都没有跌破昨日 T 字形涨停板的收盘价，后

面的大涨行情的出现也是在意料之中了。但是有一点要提醒中小投资者，该股 2017 年的年报业绩是亏损的，2018 年业绩预报是减亏而不是扭亏，所以极有可能被 ST，这也是它最大的安全隐患。君子不立于危墙之下，为避免遭遇不必要的损失，中小投资者在实际操作中应尽量远离这种存在安全隐患的股票，尽力去选择那些健康的、安全性比较高的股票作为投资目标。

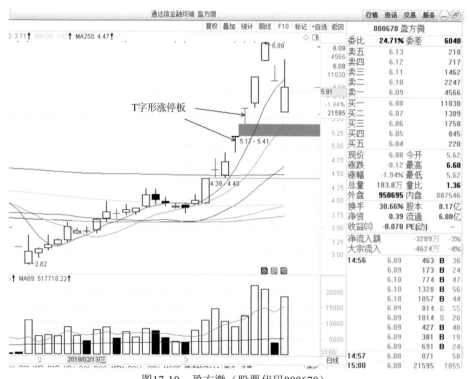

图17-10　盈方微（股票代码000670）

📈 **经典案例十一　图 17-11 贝通信（股票代码 603220）**

图 17-11 所示为贝通信在一段时间内的股价走势 K 线图，是主力收出 T 字形涨停板的形态后，经过打压、洗盘，随后的收盘价再也没有跌破 T 字涨停板的开盘价。2019 年 1 月 14 日，主力用一个跳空高开的 T 字形涨停板解放了所有的套牢盘，也创造了该股的历史最高价。但是充当了"解放军"

后，次日不涨反跌，这就有悖常理了，事出反常必有妖，果然随后两天的股价没有继续下跌，向上跳空的这个缺口形成了一条宽宽的"护城河"，起到了很好的支撑作用，第三天主力便用一个换手率为36.62%的对倒型涨停板强势修复了上升通道，主力强势拉升的意图再显。此后主力再次用高开低走大阴线暴力清洗最后的不坚定的中小投资者，扫清所有的拉升障碍后股价连续收出了三个涨停板。

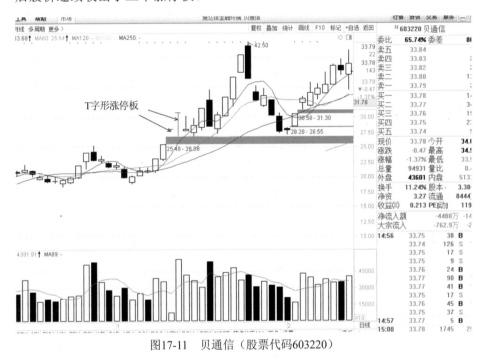

图17-11　贝通信（股票代码603220）

📊 经典案例十二　图17-12 华控赛格（股票代码000068）

图17-12所示为华控赛格在一段时间内的股价走势K线图，受国家科创板即将推出的利好消息刺激，主力在2018年11月14日和15日分别用两个连续跳空高开的T字形涨停板突破了180日均线和250日均线的重要压力位，继续延续了科创板的神话。

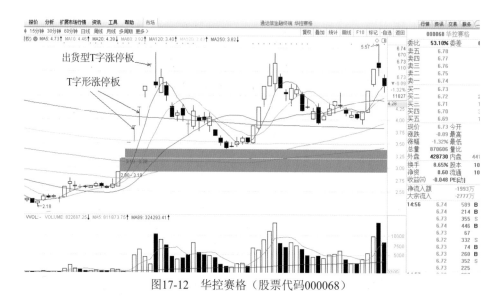

图17-12　华控赛格（股票代码000068）

本章小结：猎取 T 字形涨停轻度洗盘（T 字不破）后的主升浪无疑是快速获利的有效手段之一。那么如何才能迅速捕捉到 T 字形涨停板呢？中小投资者需在早上开盘时把涨停的股票加入自选股并持续关注，最好的办法就是设置价格预警，超越某个价格时系统就会自动提示。如果出现打开涨停板的情况，那么就应该重点关注了。需要注意的是，T 字形涨停板切忌开板就追，以免陷入出货或洗盘的陷阱之中。为提高成功概率，一定要保证天线上穿了人线，且放量拉升时再进行追进。

第十八章

龙虎榜中
觅涨停

龙虎榜是沪深两市中最热门股票和最受资金追捧的交易数据榜单，是每个中小投资者必须知道或者跟踪的数据。股市精英都知道，龙虎榜上有两种席位：一种是机构席位，具体是指公募、私募等法人账户，它们上榜统一名称为"机构专用"；另一种是游资席位，游资席位都是自然人账户，上榜以各证券营业部的名称出现。游资大部分都是从小资金做起来，往往在市场中更为犀利，操作手法更为凶悍，具体情况如下。

一、荣登龙虎榜的股票种类

荣登龙虎榜的股票种类。

1. 当日交易

个股当日收盘价涨跌幅偏离值达 ±7%，当日振幅达 15%，当日换手率达 20%。

需要注意的是：深市分上板、中小板、创业板，每个条件各选前 5 名的上榜；沪市每个条件各选前 3 名上榜。如果条件相同，则按成交额和成交量选取。

2. 异常波动

个股连续 3 个交易日收盘价偏离值累计达到 ±20%，连续 3 个交易日累计换手率达到 20%，日均换手率与前 5 个交易日日均换手率的比值达到 30 倍。

3. 无价格涨跌幅限制的个股

比如旧规则下，当天上市的新股。

二、龙虎榜公布的内容

当日买入、卖出金额最大的5家营业部的名称及其买入、卖出金额。属于异常波动的，则公布异常波动期间累计买入、卖出金额最大的5家会员营业部的名称及其买入、卖出金额。

机构和游资的操盘风格、理念等是有区别的。机构更注重长线或者阶段性的机会，买入后持仓时间相对较长，调仓换股的周期也较长。游资更注重短线的博弈，如同局部的战争，更加注重战术的运用和安排。当龙虎榜中同时出现游资和机构，中小投资者又该如何解读呢？

（1）买方中机构出现的数量越多越好。机构当日买入金额占总成交金额比例越大越好，一次性锁定筹码集中度越高越好。因为多家机构进驻的个股基本面都比较不错，符合市场调研评判的标准，通常会引发中级行情。当游资和机构达成共识合力推升股价时，短线的爆发力就比较强，后市继续上涨的概率也很大，这个时候，可以重点考虑关注该股的次日表现。

（2）买方中的买一席位若是机构则最好，并且卖方的5个席位中以不出现机构为佳。因为如果机构买得多，说明后市行情看好。由于游资的资金大多数情况下不可和机构同日而语，所以一旦买方席位中特别是买一席位为机构的时候，游资往往也会考虑适量跟随，造成席位溢价，推动个股上涨。

（3）如果买方席位和卖方席位均有机构出现，卖方的5个席位中机构出现的数量越少越好，金额越小越好。如果卖方的机构席位与买方的机构席位旗鼓相当，甚至卖方的机构席位比买方的机构席位还要多，说明机构之间的分歧非常大，则短期内股价的方向具有不确定性，交易数据当中的游资席位也会打退堂鼓，所以中小投资者此时应该观望，等待股价趋势明朗。

例如，2018 年 10 月 16 日龙虎榜单上出现的东山精密，可谓暗藏玄机。买入席位中机构占据 4 席，但是股价却一路下跌，最终封在了跌停板上，按照惯例，此类个股我们应当远离。但是从 17 日的表现看，却是低开高走，大涨超 5%。所以如何正确解读榜单中机构与游资的博弈之道，有助于中小投资者去伪存真，发现操作机会的。

📊 经典案例一　图 18-1 绿庭投资（股票代码 600695）

图 18-1 所示为绿庭投资在 2019 年 3 月 18 日前一段时间内的股价走势 K 线图。2019 年 3 月 15 日，光大证券湛江海滨大道南主买绿庭投资涨停，该股在当天低开高走，于 10 点 48 分左右封死涨停板。龙虎榜数据显示：买入方面，光大证券湛江海滨大道南买入 1570 万股，国泰君安上海福山路买入 1500 万股，华泰证券台州中心大道买入 1330 万股，中航证券广州天河北路买入 1090 万股，华泰证券扬州文昌中路买入 1090 万股；卖出方面，卖出前五的卖出金额均不足 1000 万股。其中著名游资国泰君安上海福山路参与该股。根据其买入和卖出席位及金额对比分析可以看到，买入席位及金额远远大于卖出席位及金额，所以其后上涨的概率极大（截至 2019 年 3 月 20 日，绿庭投资连续拉升出了 4 个涨停板）。

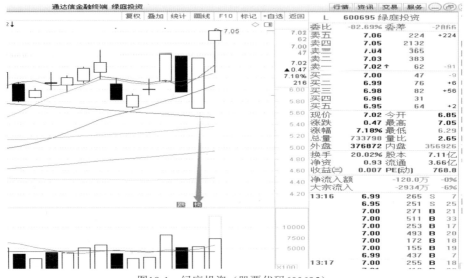

图18-1　绿庭投资（股票代码600695）

📈 经典案例二　图 18-2 顺鑫农业（股票代码 000860）

图 18-2 所示为顺鑫农业在一段时间内的股价走势 K 线图。2019 年 3 月 15 日，申万宏源上海东川路主买顺鑫农业涨停，该股当天明显高开，开盘不久封死涨停板，且创出历史新高。龙虎榜数据显示：净买入方面，申万宏源上海东川路买入 8270 万股，中天证券深圳民田路买入 5940 万股，中信证券上海分公司买入 5420 万股，中国中投宁波江东北路买入 4890 万股，国泰君安上海银城中路买入 4480 万股；净卖出方面，卖出前五现身 3 家机构，合计卖出 2.2 亿股，深股通卖出 2040 万股，中国中投深圳宝安中心卖出 1350 万股。其中著名游资申万宏源上海东川路等参与该股。根据其买入和卖出席位及金额对比分析可以看出，买入席位及金额远远大于卖出席位及金额，所以其后上涨的概率极大。

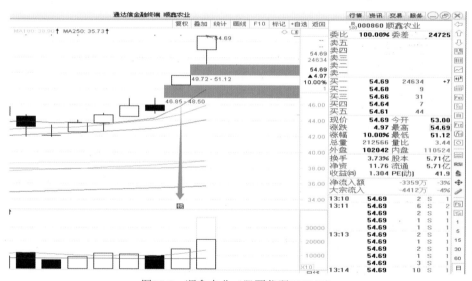

图18-2　顺鑫农业（股票代码000860）

本章小结：读懂龙虎榜，有利于中小投资者及时发现强庄股的身影并跟踪，从而达到与庄共舞的目的。

后记

过五关后股海纵横不是梦

知己知彼，百战不殆。要想在股海中任意遨游，就要过五关，即**认知关、舍得关、技术关、心态关和格局关**。

（1）**认知关。要想在股市取得成功，最重要的问题是必须正确理解股市的本质并认知自己。**股市是什么？可能很多中小投资者没有细想过，但是任何一个股民都已经在自觉或不自觉地拿自己的钞票来回答这个问题。这个问题当然没有终极的正确答案，一千个人眼里有一千个哈姆雷特，因为每个人的性格、背景、成长经历、处事方式和世界观都不一样，从而导致观看同一个事物或人物都会有差别！外行人看股市就是赌博，上市公司老总对股市肯定会有更深度、更广度的解释。在现阶段，笔者的理解是：股市是财富的再分配场所，推动股价涨跌的背后力量是人性和资金，股票的具体价格是通过多、空双方供需和竞争来实现的。认知范围包括心理弱点、性格缺陷、盯盘时间、资金多少、承受力大小、思维方式和行为习惯等。人有人性，股有股性，千人千性，千股千性，所以人只有认知自己，才能更好地认知股性，因为股性的文化属性源自操作股票的操盘手的人性。

人的性格对炒股有重要影响，不同性格类型的人选择的股票不同、介入的时机及所获得的收益也不尽相同。通过大量的研究证明，人有四种性格类型：完美型、活泼型、力量型与和平型。

完美型的中小投资者很害怕风险，他们会准确计算主力下跌到的精确点位，确认没有任何风险之后，才会择机轻仓介入。他们选择的股票类型很少有高举高打的涨停板，而且很少能抓到主升浪。崇尚价值投资者一般都是完美型，"股神"巴菲特就是典型的完美型投资家，他会精确计算企业的估值是否安全，价格是否合理，然后才决定是否投资。

活泼型的中小投资者对钱没有任何概念，炒股对他们来讲也只是觉得好玩而已。这种类型的中小投资者学习意识淡薄，不能长期沉淀下来研究股票。这类人是不怕深度套牢的僵尸户，有时被套牢一两年都无所谓，亏了不走，但是涨一点就兴奋得要命，一旦解套甚至在只一两个点时就匆匆忙忙地卖出股票，根本不用主力刻意震仓洗盘就会交出手中的筹码，获利了结。他们是主力最喜欢的一类中小投资者，几乎没有跟着吃主升浪的可能。

力量型的中小投资者最喜欢追高，就像喜欢少林派的大力金刚掌那样刚猛有力，而不是像完美型的投资者喜欢武当派的以柔克刚。这个类型的中小投资者绝对不可能让主力套牢，买入股票后，一旦发现不符合自己的要求，马上就会斩仓换股，做事非常果断干脆，也是执行力最强的一类人。他们爱学习、不怕输，是最适合炒股的一种性格。索罗斯就是典型的力量型投资家。这种投资者若通过学习掌握了一定的技术，往往能成为股市大赢家，可畅意纵横股海，但是在还没有掌握一定的技术时就投身股海，往往也是输得最惨的一类人。这种人敢闯敢拼，知耻而后勇，在通过一段时间的学习和总结经验教训后总是能够很快胜出，成为优秀的炒股赢家。

和平型的中小投资者是一种典型的跟风者，也是主力最害怕的一类人，他们不止损也不止盈，属于油盐不进的那种，即便主力使出浑身解数洗盘、震仓，他们都会置之不理。除非有人提示，他们自己都忘了自己有什么股票。这类人适合做中线投资，他们的持股能力强，是可能吃到主升浪的最佳炒股人选。

除了认知自己的性格外，还要根据自己有没有看盘时间、资金量是否充足、承受力的大小等条件来确定自己是适合做短线、中线还是长线。若没有看盘时间就尽量做中长线；若有时间盯盘就可以做短线；资金量小尽量做短线，降低时间成本，"天下武功，唯快不破"，短线交易就是可以让小资金迅速增值的；如果资金量大就做中长线并且分批建仓；若一次性建仓容易惊庄从而遭到打压，大资金即便是每年赚几十个点，其利润也是相当可观的。相同性格类型的人在股市的结果也可能不尽相同。因为还存在着善于学习和不善于学习以及承受力强弱的问题。有的人不善于学习，更见不得股价收阴线，忍受不了主力洗盘，当然这是因为自身没有掌握超强技术而导致心中没有底气，从而使心理上更加脆弱。由于技术不精，没有自己的操作模式和买卖纪律，买进股票后总是患得患失、寝食难安，这就是典型的股票焦虑症。

那么投资的本质是什么？每个人都不可避免地进行着投资行为，每个人看到的世界都是不一样的，每个人对同一投资机会的认知也有不同的维度，正所谓有人"辞官归故里"，就有人"星夜赶考场"，不同维度的认知意味着完全不同的胜率选择，并最终获取不同的结果。你的认知在哪个维度，就赚哪个维度的钱，所以投资的本质其实是认知的变现。

认知不是单维度的，而是多维度的。成功的投资需要完整的交易系统支撑，多维度的认知可以从不同的角度和层面优化你的投资体系的胜率与赔率指标。例如对行业和企业经营的认知，对其行业空间、竞争格局、价值链分布、核心竞争力、增长驱动因素等的认知；对交易系统的认知，对其仓位管理、风险管理的认知等；还有对投资思维的认知，对其安全边际、复利的认知；等等。

当然，不同的人在整个交易系统的不同环节的认知能力也是有差异的，需要选择性地学习、修炼边际收益最高的部分，也可以通过团队合作让自己的某一部分优质认知在最大程度上得以发挥其价值。

（2）舍得关。在股市有一个很形象的说法：卧薪尝胆三年、荣华富贵一生。要想在高收益、高风险的股市站稳脚跟，就必须有进行万小时实战训练的思想准备。也就是必须舍得拿出时间去学习前辈的成功经验，舍得花费资金去实战练习，舍得花费时间去归纳总结。可惜的是大部分中小投资者只是受到股市高收益的诱惑而来，在内心深处潜意识地自动忽略了股市中的高风险。大部分人进入股市后既舍不得花时间和精力去学习、总结、归纳、整理，又舍不得花费资金去买书、买资料学习前辈的成功经验。

大家都知道外行人很难赚内行人的钱。主力或庄家都有自己的精英团队，其操盘手无一例外都是内行中的内行，作为中小投资者要想跟随强庄赚钱，只能让自己也变成内行人。而让自己由外行变成内行唯一的方法就是舍得花费时间、精力和资金去学习。俗话说得好，外行变内行，学习是桥梁。不舍得花时间、花金钱学习的人是做不好止盈止损的。小气的人舍得割肉吗？小气的人总是因为在小亏时不舍得止损出局，眼看着股价下跌不行动，最终经常被套牢；小气的人舍得止盈吗？小气的人都贪婪，总是希望涨了再涨，该止盈时不舍得止盈，所以经常坐"过山车"。

（3）**技术关。**包括识图关、选股关、实战关。熟记股图三百张，不会操作也会炒。当我们大脑中记熟、读懂成百上千张上涨拉升的股价运行图后，再次遇到相类似的运行图，大脑就会产生条件反射，自知该如何去操作股票。所谓的"观千剑而识器，听千曲而知音"说的就是这个道理。

识图关包括识别各种 K 线、均线、指标线、成交量的形态及含义，其中最为基础的是 K 线的形态及含义。因为 K 线是股票趋势分析中最常用和最基础的工具，它可以直观地表示股价趋势的强弱及买卖双方力量平衡的变化，包含的信息量极为丰富；它也是庄家或主力的无声语言，只有掌握了 K 线的形态和含义才能真正地解读庄家或主力真实的意图，才能与其交流，从而合作共赢。

选股关就是根据自己的性格、知识确定选股条件并严格遵守执行。

实战关就是以小资金进行实战训练，并根据进入情况不断地分析总结与预期一致与否的深层原因，不断完善自己的交易系统，直到能够连续稳定盈利后才能追加资金。

（4）**心态关。**心态决定成败。健康的心态是事业成功的基石，且心态先于技术。同样的技术给不同心态的人使用，其结果不尽相同，甚至大相径庭。大部分人之所以亏多盈少，不是技术问题，而是心态问题，是不能克服贪婪、恐惧、焦虑、犹豫不决等各种情绪的影响而造成的千差万别，它们影响着每个人正确的思维和判断，从而影响着股票进出的节奏和成果。究其根源则是知识储备不足、见识浅薄造成的，解决的根本办法就是多花些时间和精力仔细阅读成功前辈写的优秀书籍，借鉴前人的智慧经验。

成功不是简简单单的技术操作，它更需要投资者有足够的细心、耐心和恒心，并严格执行自己的交易计划，还要有面对不期而至的挫折和失败的勇气。所有的股市赢家几乎都具备以上的优秀品质，而所有的失败者都有各种各样的坏习惯或者坏心态，要么止盈贪婪、要么止损拖延、要么频繁交易等不能严格执行自己的交易计划或者根本没有自己的交易计划，所有失败的操作皆是随心所欲，这样的人难有大作为。

炒股就是炒心。技术是很好学的，股市就那么点东西，几天就能学会，但是心理素质的好坏会影响技术的发挥。好的技术需要健康的学习心态和心理素质，技术的高超发挥同样需要健康的心理素质。有的人，碰巧做好一只股票后，就扬扬得意、骄傲自大、盲目乐观，认为自己找到了快速盈利的技巧和暴富的秘方，甚至加大投资力度，这其实是心态不成熟、心理素质极差的表现；而心理素质好的人就会分析判断、归纳总结成功的原因，从而让成功得以延续。赢固可喜，输亦欣然。同样，如果被套了10%，心理素质不同的人的反应差别也是很大的：有的人很冷静思考寻找原因，从而让自己的操作技术更进一步；而有的人却心乱如麻患得患失，不但影响了正常的思维和判断，还会使技术停滞不前。这两种投资者的结果必然是前者最终走向成功人士的行列，而后者只能以失败者的身份带着满身伤痕和失意淡出股市。

心态是个瓶颈，它限制着中小投资者股票技术的发挥和资金管理的效力。无论技术多好的人，也无论运气多好的人，在股票市场判断失误、遭遇挫折都是常事，所以股市对每个人来说时刻都是新的挑战。股市既需要智商又需要情商，过不了心态关就永远走不进成功者的行列。

好的心态都是磨炼出来的。生活中有了压力往往也就有了动力，但在股市中许多人却因承受不了压力而退出股市。除了极少数天生心理素质强大的人，大部分投资者的技术、心态和纪律都是磨炼出来的。磨炼这个词真的很形象，那些成功的投资者都有超过常人的勇气、毅力和持久的耐力。他们在一次次的交易、分析中不断地自查、自省、争夺、冲突、说服、克制，慢慢地超越自我，练就了超强的自我控制能力，并形成了良好的心理素质。

（5）格局关。格局决定结局，思路决定出路。人的格局、见识、认知的不同注定其结局不同。只有熟知并掌握了庄家或主力坐庄的手段和方法，胸怀大格局，放过庄家或主力建仓试盘时的蝇头小利，着眼于庄家或主力建仓洗盘完毕后的主升浪，才能与庄共舞。

大格局来源于知识量的积累。对庄家或主力坐庄手法一无所知，想有大格局也是不可能的。在当前股市中，庄家坐庄手段变幻多端、层出不穷。它们为了达到坐庄目的，会使用诡异的手段来迷惑散户，让中小投资者跳进技术陷阱之中。但庄家的手段并非无懈可击，再高明的陷阱也会在图表上留下蛛丝马迹。只要中小投资者善于学习、总结、归纳，就会轻易发现庄家或主力坐庄的手法痕迹。投资者通过两三年的学习和刻意训练，在能够"过五关"后，就会实现快速盈利、早日翻番的目标。

人性决定股性，性格决定命运

"性格决定命运"是一句至理名言。人的一生之中，总是会遇到许多的人、许多的事，而不同性格的人会用不同的态度作出不同的选择，其最终的结果也就不尽相同。俗话说，爬山要懂山性，游泳要懂水性；同样地，炒股一定也要懂股性。由于股票是由人来操作的，这就赋予了股票活跃、呆板、奸诈、稳重、果敢、绵软等类似于人的性格属性，这也是在股市里经常听到"这只股票的股性很活跃，那只股票半死不活"等表述的原因。正所谓"人有人性，股有股性，千人千性，千股千性"，中小投资者要想在股市成功地捞金夺银，就必须对人性有充分的了解和认知，并通过正确地评判自己与股票的性格给自己和股票准确定位。

选择适合自己性格的股票进行操作，正确规划自己的股市人生。了解一个人从了解一个人的性格开始，同样地，操作股票也要从了解这只个股的股性开始，股市不是我们一厢情愿的，只有人性和股性达到完美的和谐统一，才能达到两情相悦的结果。所以，在操作个股之前，要确定自己的性格，然后再根据自己的喜好和资金量去考量个股进行参与。只有这样，才能在充满诱惑和陷阱的股市里潇洒前行。

股票性格的由来。首先，一些题材业绩比较好的股票会吸引资金实力大的投资机构长期持有，也就是俗称的"长庄"，通常它们不会一次性地建仓平仓，在始终保有底仓的同时，只会拿出部分资金或者部分筹码在某个或大或小的区间内高买低卖，这样，无论什么时候涨上去都有筹码可卖，无论什么时候跌下来都有资金可买。这类股票通常对各种市场信息反映比较敏感，也会吸引更多的中小投资者参与，因此交投比较活跃，即股性活跃。这类股票经常会出现阶段性的涨跌幅度，行情好的时候涨势比较明显，甚至会成为领头羊，行情不好的时候会表现出不错的抗跌性，最受交易者的欢迎。

其次，某些股票的业绩和题材都很一般，几乎没有大型机构资金的入驻，这些个股主要以一些原始股东、小型私募和中小投资者交易为主，随着大盘的方向而动，股性比较呆板。这类股票通常就像是后妈养的孩子，各种反应总是慢市场半拍，成交量一般，空间波幅不大，并且价格普遍比较低。

最后，有些业绩很不错的蓝筹股，尽管题材不差，但是由于流通盘太大，总体波幅也不会太大，这类大盘蓝筹股的走势也是较为呆板的，只有在大盘形势好的情况下，各路资金云集，才能走出较大的行情。

勤学苦练多总结，股市规律必须学。股市是有逻辑的，股市是有轨迹的，只要我们根据逻辑选股，通过轨迹择时，方法对了即使收益暂时不太满意，但结局是美好的，如果方法不对，即使暂时靠行情盈利了，最终还会将利润还给市场，结局很悲惨。总体来说，股票价格的波动无怪乎涨、跌、平。涨包括快涨和慢涨，跌包括快跌和慢跌，平包括宽幅和窄幅。定义了这六种状态，基本上就能定义这只股票现在处在一个什么位置。总结得多了以后，就会慢慢发现，不同的股票会呈现出不同的组合特点，有的股票喜欢快涨后面紧跟快跌，有的股票由快涨到慢涨再到快跌，还有的股票由涨到宽幅震荡再到跌，等等，不一而足。这就是规律，只有勤学苦练多总结，掌握了股市内在的发展规律和逻辑，才能在股市游刃有余；明白了规律和逻辑，也就把握了主力运作股票的命脉，就能做到及时应对。

天道酬勤。在任何行业里都是一分耕耘一分收获，股市也不例外。股市是充满机会和诱惑的地方，它的低门槛允许任何年满18周岁的人进入；但是这里又是一个相当残酷的地方。这里并不是人人都可以发财致富的伊甸园，甚至是那些怀有轻轻松松赚钱梦想，想不劳而获的人的坟墓；各行各业都存在着二八定律，股市更是将二八定律体现得淋漓尽致。

股市有风险，入市需谨慎。这个风险不仅仅是亏钱的风险，更是人生价值观意义上的亏损风险。奉劝那些懒于学习的人尽快离开股市，股市是一个没有硝烟的战场，在这里很容易获得军功，但是更容易受伤。

本书能够得以顺利出版，源于清华大学出版社的鼎力相助和家人、朋友的大力支持，在此衷心地感谢清华大学出版社的精心策划，感谢家人的无私奉献和全力支持，感谢网友的信任，感谢所有支持和帮助过我的贵人。

——均线上的舞者